MAIGRIR LÀ OÙ VOUS VOULEZ

Avec les énergies du corps et de l'esprit

DU MÊME AUTEUR

La Grande Forme,
Encre, 1979.

En pleine santé,
Édition°1, 1981.

La Forme naturelle
Édition°1, 1983.

Manger pour guérir
Éditions RMC, 1987.

Plus jamais mal au dos
Fixot, 1988.

Les Chemins du bien-être
Fixot, 1990.

Le Droit au plaisir
Fixot, 1992.

Le Cri du cœur
(Autobiographie),
Plon, 1996.

Maigrir
Michel Lafon, 1997.

PIERRE PALLARDY

MAIGRIR LÀ OÙ VOUS VOULEZ

Avec les énergies
du corps et de l'esprit

ÉDITION°1

Maigrir, c'est retrouver la sagesse,
celle du corps, celle de l'esprit.

INTRODUCTION

Qui n'a jamais décidé de maigrir ? Nombreux sont ceux et celles qui ont réussi : les chemins menant à la perte de poids ne manquent pas, le choix est vaste, les régimes sont innombrables. Finalement, il est facile de maigrir.

Ce qui est difficile, c'est de maigrir là où on veut, de sculpter son corps, de ne pas regrossir. De rester en bonne santé avec un moral au beau fixe.

L'objectif de ce livre est précisément de vous permettre :

✔ de maigrir là où vous voulez ;
✔ de tonifier votre corps ;
✔ de garder définitivement votre poids idéal. Et de rassembler toutes vos énergies pour vivre mieux.

Après une perte de poids, on observe souvent des retombées négatives. On paie parfois cher les quelques kilos perdus : frustration, sensation de faim, stress, irritabilité, dépression nerveuse et autres problèmes de santé. De plus, on est rarement totalement satisfait de sa nouvelle silhouette, et l'on regarde avec scepticisme, voire avec méfiance, celui ou celle qu'on est devenu. On se sent étranger à l'intérieur de ce corps différent, aux contours un peu flous où apparaissent des imperfections nouvelles. Il est rare qu'on maigrisse dans les mêmes proportions à chaque endroit du corps. On peut garder une taille trop épaisse, des infiltrations de « cellulite » sur les cuisses, ou au contraire observer un affaissement de la peau des bras ou d'ailleurs. Il peut se révéler nécessaire de poursuivre l'amaigrissement de certains endroits, d'en tonifier d'autres, de sculpter son corps, de continuer et de parfaire le travail de modification.

Dans un précédent livre, *Maigrir* (éditions Michel Lafon), j'ai donné les sept clés de l'amaigrissement. Le courrier abondant que j'ai reçu a démontré l'efficacité de ces conseils. La méthode que je propose ici permet de cibler son amaigrissement et d'éviter les retombées négatives d'un régime mal dirigé, mal adapté.

Elle est naturelle, élimine tous les médicaments, les substituts de repas, les coupe-faim, les compléments vitaminés. Elle est contre tout régime.

Ma méthode repose sur la détente, la concentration, le rassemblement de vos énergies : respiratoire, mentale et alimentaire. C'est aussi une grande aventure spirituelle qui va vous mener au-delà de l'amaigrissement.

Ma méthode comporte trois parties :

✔ La première a pour objet de vous réconcilier avec vous-même, de vous débarrasser d'idées fausses, négatives, et de corriger les mauvaises positions de votre corps.

✔ La deuxième vous permettra de rassembler vos énergies respiratoire, mentale et alimentaire. J'entends mettre à votre portée l'essentiel des thérapies manuelles (massages, acupuncture) et des expériences corporelles (yoga, tai-chi, aïkido, etc.) venues d'Orient, et si difficilement exploitables chez nous dans leur forme d'origine.

✔ La troisième partie est celle de l'action. En associant respiration, concentration et gym énergétique, en pratiquant mes auto-massages, vous arriverez à maigrir là où vous voulez et à sculpter votre corps.

Dans un dernier chapitre, je propose les aliments énergétiques qui vous permettront de maintenir définitivement votre nouvel état d'équilibre, d'harmonie entre le corps et l'esprit, qui vous met à l'abri d'un retour des kilos superflus, et vous garantit une bonne santé, et la joie de vivre.

Mais attention ! Ma méthode a un fil conducteur, ne le rompez pas. Ne faites pas comme ceux qui veulent maigrir trop vite : ne commettez pas l'erreur de commencer par les exercices d'amaigrissement ciblés (chapitre 4) sans avoir auparavant mis en œuvre les conseils des chapitres précédents.

J'ai conçu ma méthode comme une suite d'étapes, d'adaptations pour le corps et l'esprit. Elle est simple, facile, sans contraintes et ne vous prendra que trois minutes le matin et trois minutes le soir.

Depuis maintenant plus de trente ans, dans mon cabinet, je soigne et guéris très souvent la quasi-totalité des troubles fonctionnels – mal au dos, insomnie, état dépressif, dysfonctionnement digestif, fatigue extrême et... prise de poids. En tant qu'ostéopathe-diététicien, j'ai permis à des milliers d'hommes et de femmes de s'arracher à leur misère corporelle et mentale, de retrouver la santé. Je n'en tire aucune fierté. J'ai hérité de mon père un don de thérapeute, dont j'ai fait l'expérience très jeune. (J'ai raconté comment j'avais découvert cette vocation dans *Le Cri du cœur*, éditions Plon.) J'ai regardé autour de moi. J'ai exploré les grandes voies de la physiologie et de la recherche jusqu'en Orient où la hiérarchie des valeurs est différente de la nôtre. De cette formation sur le terrain, j'ai tiré une philosophie personnelle, dans laquelle le mental, le spirituel ont toujours occupé une place importante.

C'est sur cette réalité que j'ai bâti ma méthode. C'est sur ce constat que repose ma stratégie pour vous faire maigrir « là où vous voulez ».

En retrouvant une idée vraie, et positive, de vous-même ; en rassemblant vos énergies à travers une nouvelle façon de respirer, et de méditer ; en pratiquant des exercices faciles de ma gym énergétique – contractions isométriques commandées par l'esprit (gymnastique de l'immobilité dans laquelle tous les muscles restent en tension pendant l'effort), des gestes épurés apportant un maximum d'efficacité dans un minimum de temps –, vous allez maigrir là où vous voulez, et sculpter votre corps. Les auto-massages rendront ces exercices plus efficaces. Enfin, une alimentation énergétique variée, équilibrant vitamines, oligo-éléments et minéraux divers, vous aidera à garder votre poids idéal, à rester en grande forme et à prévenir les maladies.

C'est à une grande aventure du corps et de l'esprit que je vous convie. Elle va apporter un souffle nouveau à votre vie grâce à la concentration et à la méditation adaptées de la sagesse orientale, grâce aux séquences respiratoires de quelques minutes dans la journée, aux exercices de gym énergétique courts et faciles que vous pouvez accomplir n'importe où. Rien de plus et cela change tout. **Je vous garantis le résultat.**

CHAPITRE 1

RÉCONCILIEZ-VOUS AVEC VOUS-MÊME

Maigrir c'est d'abord prendre la décision de maigrir. Tout commence dans votre tête. Pour maigrir là où vous le souhaitez, dans les meilleures conditions, et vous stabiliser à votre poids de forme, vous allez avant toute chose vous recentrer sur vous-même, vous affranchir du regard des autres. Vous allez vous regarder en face, apprendre à rassembler vos forces spirituelles, à concentrer votre énergie.

C'est ainsi que par la mise en œuvre d'un projet harmonisant votre esprit et votre corps, vous allez réussir à modeler, à sculpter votre corps, à obtenir un amaigrissement sur mesure et une remise en forme complète. C'est une entreprise enthousiasmante, dont les résultats vont vous étonner.

Vous l'avez compris : maigrir est une discipline. Maigrir là où on veut est une aventure du corps et de l'esprit.

Je la propose à ceux et celles qui, malgré une perte de poids, ont conservé une surcharge pondérale ou une infiltration cellulitique. Ils se sentent mieux, libérés mais pas totalement bien dans leur peau.

À ceux et celles qui, en maigrissant, ont perdu

de la tonicité : ils ont une impression de relâchement. Leur nouvelle silhouette leur plaît, mais leur nouveau corps les inquiète. Ils ont besoin de le modeler, de le sculpter. En certains endroits (bras, jambes, taille, cuisses, cou, fesses, etc.) ils veulent encore maigrir, et reprendre du muscle. Ils veulent intervenir là où cela leur semble nécessaire et là seulement.

L'aventure, je la propose aussi à ceux et à celles qui n'ont jamais suivi de régime, qui n'ont jamais maigri, et qui sont prêts à me faire confiance. Maigrir là où vous voulez, c'est possible. À condition de se décider vraiment, fortement, d'être capable de se concentrer, de jeter dans l'action l'esprit et le corps synchronisés et harmonisés. Bref, de vivre sa décision non plus comme une expérience physique fondée sur des mouvements, sur une hygiène, sur des régimes alimentaires, mais comme une véritable aventure spirituelle.

Plus de trente années d'expérience thérapeutique dans mon cabinet, et de combats très souvent victorieux contre les troubles fonctionnels, une pratique constante des techniques de concentration, de méditation, de rassemblement des énergies, m'ont permis de mettre à la portée de chacun les pouvoirs du yoga, du zen et de bien d'autres disciplines orientales difficilement accessibles ou utilisables dans notre environnement.

Ma méthode consiste à associer des exercices simples à une mobilisation des forces spirituelles afin que chacun se sente en parfait accord avec lui-même.

Ce programme, vous ne le réaliserez pas sans aide. Il vous faudra suivre attentivement, et dans l'ordre, les conseils que je vais vous donner. Bien réfléchir et ne jamais céder au doute ou au découragement. À l'arrivée, vous n'aurez pas seulement un corps mince et remodelé, une santé optimale, un sentiment de bien-être, mais aussi une nouvelle façon de vivre votre vie.

En ma qualité d'ostéopathe, j'ai toujours eu la certitude que la structure osseuse gouverne la fonction et qu'une mauvaise position d'une ou plusieurs articulations (vertébrales ou autres) entraîne automatiquement une dysfonction de tout le métabolisme, en particulier au niveau des systèmes neurovégétatif et circulatoire.

Je ne crois possible aucun amaigrissement sans un bon équilibre, sans un bon positionnement de la structure (vertèbres, épaules, hanches, genoux, chevilles...).

L'harmonie du corps est la condition du rassemblement de toutes les énergies vitales. Cela va faire l'objet des tests suivants. Commencez tout de suite.

Le test du miroir de profil

Vous allez vous regarder, dévêtu(e), dans une grande glace. Placez-vous d'abord debout, de profil. Mieux que de face vous pourrez juger de la bonne, ou mauvaise, position de votre corps. Contemplez votre reflet pendant une minute environ. Et réfléchissez.

Attention aux faux diagnostics

Je sais par expérience que beaucoup de mes patients et de mes patientes, qui souhaitent mai-

grir ou modeler leur corps, se font une idée fausse de leur corps. Et que cette idée peut avoir des conséquences dramatiques. Le psychiatre Roland Cahen, disciple et traducteur de Carl Jung, l'un de mes patients et ami, m'a dit : « La notion de schéma corporel, que chacun porte implicitement en lui, joue un grand rôle dans les états de santé et de maladie, états de maigreur et d'obésité en particulier. »

Nul n'est à l'abri d'un faux diagnostic. Combien de femmes dans mon cabinet, ne m'ont-elles pas confié le désarroi ou l'angoisse que leur inspirait leur balance : « J'ai encore pris un kilo cette semaine... »

La sensibilité des nouvelles balances d'appartement, enregistrant des différences de quelques grammes, favorise ce qui peut s'apparenter à une véritable névrose.

Par conséquent, ne prêtez plus attention à votre balance. Considérez-la comme une menteuse : selon le moment de la journée, le stade de la digestion, l'état psychologique, elle marque des écarts de poids pouvant atteindre trois kilos, et qui sont absolument normaux. Oubliez cet instrument de torture psychologique. **Balancez votre balance !**

Pour dresser un bilan exact, et honnête, ne faites confiance qu'à vous-même.

Avant toute chose, apprenez à éviter les pièges, c'est-à-dire les faux jugements. Je suis régulièrement étonné d'entendre des patients m'exposer une situation, me décrire des défauts qui n'existent que dans leur tête.

Autre faux jugement très courant : l'estimation de la surcharge pondérale. Des femmes m'affirment avoir dix kilos à perdre. En les examinant, j'arrive à la conclusion qu'elles surévaluent leur problème : leur surcharge n'excède pas cinq ou six kilos, au maximum. Le plus souvent, je parviens sans difficulté à les en convaincre, après l'examen devant la glace. Très fréquemment, il s'agit d'une mauvaise position de la charpente osseuse – hyperlordose ou cyphose – qui brouille l'image qu'ont d'eux-mêmes ces hommes et ces femmes. D'où l'extrême importance de bien positionner son corps.

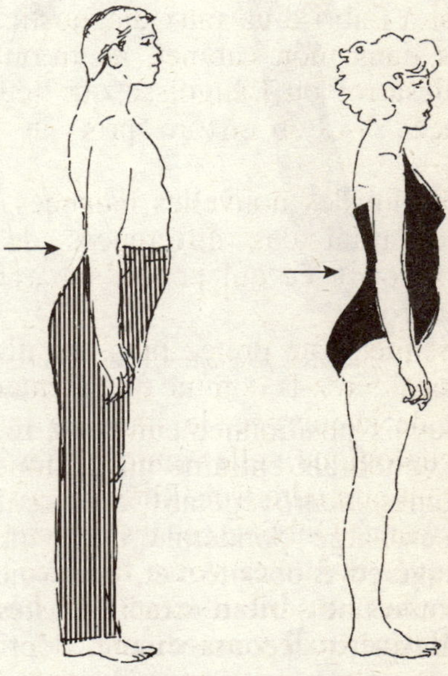

Mauvaises positions = hyperlordose

Regardez-vous attentivement de profil. Regardez le creux de vos reins.

Nombreux sont ceux et celles qui sont convaincus d'avoir trop de ventre, alors qu'ils sont simplement atteints d'hyperlordose – c'est-à-dire d'une cambrure excessive des reins – entraînant une bascule du bassin qui pousse le ventre en avant et le fait ressortir de façon anormale.

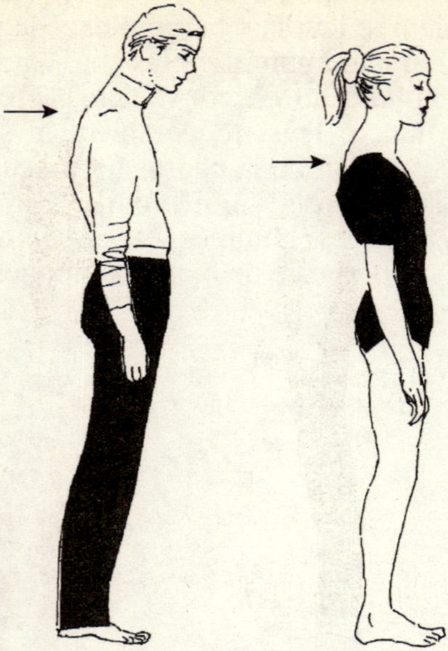

Mauvaises positions = cyphose dorsale

Ce mauvais positionnement assez répandu de la structure vertébrale entraîne un dysfonctionnement des systèmes neurovégétatif et circulatoire, une relative surcharge pondérale donc une « impression » exagérée d'obésité ; et, par voie de conséquence, toute une série d'effets néfastes sur l'équilibre de l'esprit : découragement, déprime, etc., et sur la santé en général : maux de dos, constipation, règles douloureuses, jambes lourdes, fatigue, etc.

Cette mauvaise position du bassin provoque automatiquement un ralentissement de la circulation de retour dans les membres inférieurs (culotte de cheval, jambes lourdes) et dans les fessiers qui s'hypertrophient avec pour conséquence des infiltrations cellulitiques (fesses et cuisses trop volumineuses) ou, au contraire, une atrophie (fesses plates).

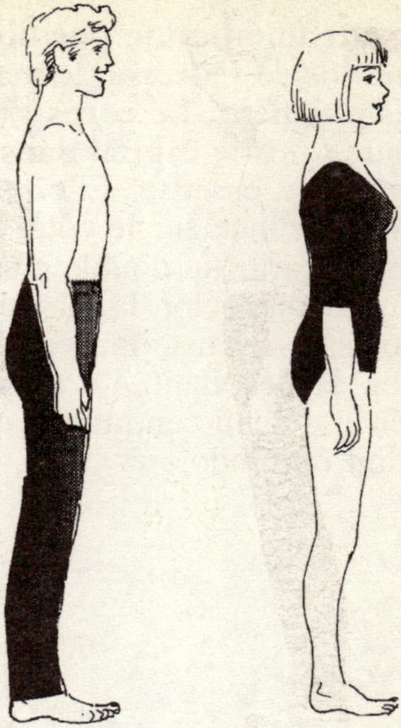

Bonnes positions

Autre illusion d'optique possible : vous jugez votre dos trop arrondi, vos épaules trop enveloppées, vos bras mous, votre poitrine tombante ou, chez un homme, des pectoraux affaissés.

Dans bien des cas, ces déformations sont simplement le résultat d'une cyphose dorsale (dos rond) entraînant un dysfonctionnement des systèmes cardio-vasculaire et respiratoire. Sans compter les effets sur le moral et le comportement (anxiété, timidité, complexes...).

Regardez comment se placent vos épaules et vos bras. Lorsque les épaules sont enroulées vers l'avant, les bras pendent soit devant, soit en retrait des cuisses. Dans les deux cas : mauvaise position.

Souvent, repositionner le bassin, ouvrir la cage thoracique suffit pour que les épaules et les

bras retrouvent une bonne position (la poitrine remonte), le dos se redresse, le ventre disparaît. Les énergies circulent. Le corps s'affine.

La tête joue un rôle capital dans l'équilibre de toute la structure osseuse. Elle est souvent projetée en avant, inclinée sur le côté. La nuque, trop incurvée, fait ressortir un double menton. Palpez la base de votre nuque, selon la manœuvre du pincé-roulé qui consiste à saisir la peau entre le pouce et l'index, en la décollant. Le pli cutané ne doit pas dépasser un demi-centimètre d'épaisseur ; la manœuvre doit être indolore.

Tête projetée en avant

Nuque trop incurvée

Si vous sentez à la base de la nuque un amas graisseux, « cellulitique », vous êtes en présence de la fameuse bosse de bison, génératrice de mauvaise vascularisation de la tête, de maux de tête, de fourmillement des bras, et, à la longue, d'arthrose et de fortes pertes d'énergie.

Ces défauts peuvent très facilement être corrigés lorsqu'on en prend conscience. Surcharges graisseuses et déformations diminuent alors comme par enchantement dès que le dos retrouve une position naturelle. Je qualifie ces cas de « fausses obésités » et mon expérience professionnelle me permet d'affirmer qu'elles sont beaucoup plus répandues qu'on ne le croit.

Attention à votre centre de gravité

Il conditionne l'équilibre de votre corps. Vérifiez le bon positionnement de votre centre de gravité par le test du fil à plomb. Debout, de profil devant la glace, prenez une ficelle avec un poids au bout ; maintenez-la au niveau du menton, la ficelle doit effleurer le sternum (entre les seins pour les femmes), le nombril et le pubis. Votre centre de gravité doit se trouver sur cet axe à deux doigts sous le nombril.

Si la ficelle touche le ventre sans toucher le sternum, cela signifie que votre centre de gravité est mal positionné vers l'avant. Si la ficelle ne touche pas le ventre, votre centre de gravité est déplacé vers l'arrière.

Test du fil à plomb

Il est facile de replacer votre centre de gravité.

Commencez tout de suite : redressez-vous, dégagez la poitrine, rentrez le ventre, serrez légèrement les fesses. Refaites le test du fil à plomb. Cette nouvelle image que vous renvoie votre glace n'est-elle pas positive ? C'est elle qui va vous conduire naturellement à l'amaigrissement.

Ces remarques préliminaires ont pour objet de vous faire comprendre l'importance de bien visualiser votre corps lors de cet examen primordial, devant votre glace. La première certitude que je vous demande d'acquérir est celle de votre équilibre dans l'espace. Vous allez vous assurer que vous n'avez ni hyperlordose, ni cyphose, que votre colonne vertébrale est droite, que votre nuque et votre dos sont en bonne position et que toutes vos articulations (épaules, coudes, poignets, hanches, genoux, chevilles) ne sont ni grippées, ni bloquées. Si vous avez remarqué une légère déviation, ne vous inquiétez pas, la perfection n'est pas de ce monde, nous avons tous un visage dissymétrique, une épaule plus haute que l'autre, un sein plus bas et plus petit, une hanche surélevée donc une jambe décalée (et non pas plus courte comme on le croit), une cuisse plus lourde, un genou plus volumineux, et un cou-de-pied plus fort du côté porteur. De même que nous avons un œil directeur et une oreille directrice. Tout cela n'enlève rien à votre charme, à votre pouvoir de séduction. Bien au contraire : ces petits défauts constituent votre personnalité.

De même, les tests suivants vous apportent la certitude que vos différentes articulations fonctionnent normalement (ou à peu près normalement : après un certain âge – disons la cinquantaine –, la souplesse des articulations diminue légèrement – mais ce doit être sans dommage pour l'organisme).

Test de mobilité des hanches et des genoux

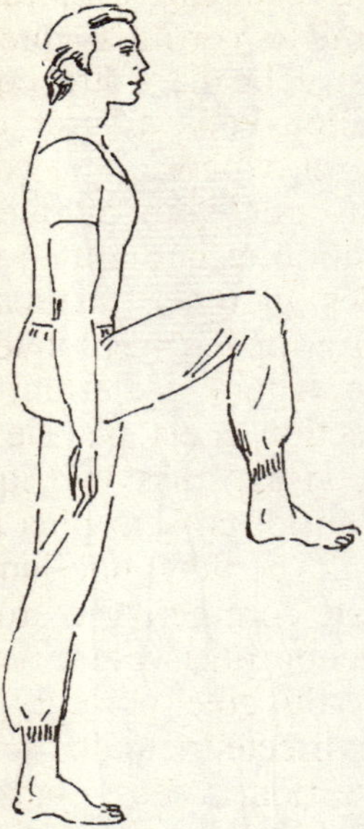

De profil, en position debout, montez un genou sans forcer. Éventuellement, appuyez-vous avec la main contre le mur pour maintenir l'équilibre.

Le genou doit monter au niveau du nombril, et l'ensemble cuisse-genou est parallèle au sol. Ce mouvement doit s'effectuer sans raideur ni douleur. Vous ne devez entendre aucun craquement au niveau de la hanche ou au niveau du genou.

Si vous réussissez ce test avec facilité, c'est la preuve que vous ne souffrez d'aucun blocage articulaire, ni de raideur musculaire, et que votre énergie circule bien.

Si vous éprouvez des difficultés, c'est que vous souffrez d'un « bridage » articulaire et d'une tension neuromusculaire. Vous trouverez la solution dans le chapitre « Agir », page 134.

Test de mobilité des bras et des épaules

Debout ou assis, croisez vos doigts, posez le dos des mains sur la tête, paumes tournées vers le ciel.

Élevez vos mains verticalement aussi haut que possible sans forcer.

Les bras doivent monter sans rencontrer de blocage au niveau des épaules, des coudes ou des poignets et sans provoquer de douleur. Si le test est réussi, les bras sont tendus et les poignets forment un angle de 90° avec les bras. L'énergie ne rencontre pas d'obstacle. Dans le cas contraire, reportez-vous au chapitre « Agir », page 169.

Test de souplesse des jambes
et de la colonne vertébrale

Debout, jambes tendues, penchez-vous doucement vers l'avant en laissant tomber vos bras souples.

Le bout des doigts doit toucher le sol sans provoquer tension ou douleur dans les jambes ou les cuisses, et tout le long de la colonne vertébrale.

En cas de raideur ou de douleur dans les jambes, les cuisses, ou au niveau des reins, voir le chapitre « Agir », pages 143 et 181.

Chaque fois que vous avez rencontré une difficulté, ou ressenti tension ou douleur, vous avez eu la preuve de l'existence d'une entrave à la bonne circulation des énergies, l'une des causes principales de la prise de poids.

Le test du miroir de face

Reprenez place devant votre miroir, de face cette fois. Chevilles jointes, pointes des pieds légèrement écartées, genoux serrés.

Le test des trois creux

Vous devez observer un creux au milieu des cuisses : ce creux est indispensable. Son absence est l'indication de kilos superflus – et demandera donc une action spécifique.

Regardez maintenant l'extérieur des cuisses. La ligne doit être régulière, du haut vers le bas. Un renflement (un débordement) est la preuve qu'un remodelage est nécessaire.

Palpez le pourtour des cuisses en pinçant la peau (voir page 22 le test du « pincé-roulé »). Le pli cutané ne doit pas dépasser 2 cm à cet endroit du corps.

Les genoux, rapprochés, doivent présenter un creux à leur base, et pas d'infiltration « cellulitique ». Palpez la face interne par la manœuvre du pincé-roulé.

Même test pour les chevilles, pincé-roulé puis examen du creux entre cheville et mollet.

Cette règle des trois creux – concernant cuisses, base des genoux et chevilles – est essentielle.

Taille, poitrine, cou et visage

La taille doit être bien marquée, plus chez la femme que chez l'homme, avec deux petits creux (encore) de chaque côté, sous les côtes. Chez beaucoup d'hommes, des bourrelets se constituent

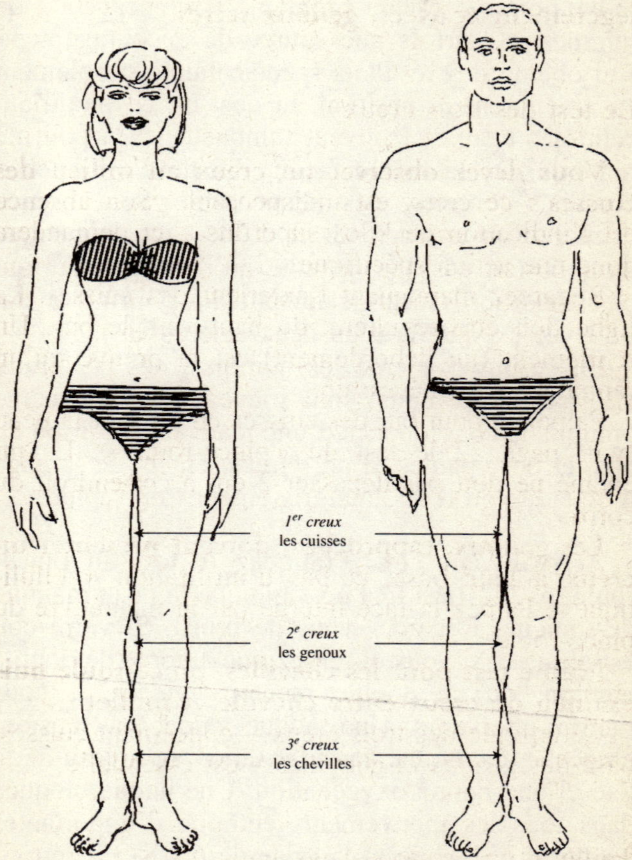

Le test des trois creux

autour de la taille, les fameuses « poignées d'amour ». Au stade suivant, attention, elles se transforment carrément en bouée.

La poitrine est un problème pour beaucoup de femmes, et parfois une source de découragement. J'ai obtenu des résultats spectaculaires simplement en améliorant la position du dos, ou en modifiant celle des épaules (souvent tombantes) : la poitrine remonte. De la même façon, j'ai développé, chez certaines femmes, des seins trop petits, conséquence d'un dos arrondi et d'une cage thoracique étriquée (au passage, je note qu'il ne faut surtout pas modifier chirurgicalement la poitrine avant l'arrivée éventuelle d'un deuxième enfant).

En ce qui concerne les hommes, des pectoraux affaissés (trop mous) sont souvent, dans la même optique, la conséquence d'une mauvaise position du dos, et des épaules, d'un rétrécissement de la cage thoracique ou d'un amaigrissement trop rapide.

Arrivons au cou. Pratiquez le test du pincé-roulé, p. 22. Il est très possible que la peau manque de tonicité. Regardez-vous de profil. Si votre cou est affaissé, si vous observez une amorce de double menton, ou un double menton évident, il vous faudra intervenir. Une nuque raide, en tension, empêche une bonne vascularisation au niveau de la tête et une bonne oxygénation. Une nuque bloquée dans tous les mouvements entraîne d'importantes coupures d'énergie et la prise de poids. En retrouvant la détente, votre cou retrouvera sa mobilité, sa souplesse naturelle. Votre tête bien placée dans l'axe du corps jouera à nouveau son rôle de balancier. Vous y parviendrez facilement (voir chapitre « Agir », page 212). Dans un même élan, en fortifiant le cou, vous trouverez, et adopterez, une bonne (une meilleure en tout cas) position de la nuque.

Le visage est presque toujours crispé, trop tendu (sauf pendant le sommeil). L'expression du visage est souvent façonnée par l'attitude mentale. À voir les tensions du visage, on devine toutes les tensions psychologiques et émotionnelles. Il va falloir, dans un premier temps, détendre le visage avant de le faire mincir et de le remodeler. La santé des organes se lit sur le visage. Vous serez surpris par les résultats, à ce niveau aussi. Rendez-vous au chapitre « Agir », page 206.

Regardez-vous respirer

Respirez normalement et observez ce qui se passe :

NORMAL	INSUFFISANT
L'inspiration est longue, lente et progressive (3 à 4 secondes)	L'inspiration est rapide, courte, saccadée (1 à 2 secondes)
Votre ventre se gonfle Votre cage thoracique s'ouvre	Votre ventre reste immobile Votre cage thoracique reste immobile
L'expiration est longue, lente et progressive (3 à 4 secondes)	L'expiration est rapide, courte, saccadée (1 à 2 secondes)
Vous sentez un bien-être après chaque inspiration	Vous ne sentez rien de positif

En trente ans de pratique, j'ai rencontré très peu de patients dont les rythmes respiratoires étaient satisfaisants. Alors qu'il suffit souvent d'une très légère prise de conscience et d'une petite modification pour rendre votre respiration parfaite, source de bien-être. Reportez-vous page 39.

Positivez vos pensées

Se faire, en s'observant dans son miroir, une idée vraie de soi-même, de sa position dans l'espace, de ses surcharges pondérales éventuelles, et accepter totalement ce bilan, est indispensable avant de se lancer dans l'aventure physique et spirituelle de l'amaigrissement ponctuel. C'est une plate-forme de départ essentielle. Je suis très conscient du fait que ce n'est pas toujours facile.

Certains et certaines peuvent être tentés d'abandonner les tests en cours de route, les jugeant trop difficiles, peut-être cruels. Ils peuvent même en être déprimés.

Si c'est votre cas, ne vous inquiétez pas. Passez au chapitre suivant et pratiquez la respiration-détente ; attendez quelques jours, une semaine éventuellement, avant de faire une nouvelle tentative. Il n'y a pas d'urgence. Pour quelle raison ne parviendriez-vous pas à vous voir tel ou telle que vous êtes réellement, et à accepter cette image ?

Prendre la décision d'avoir une image vraie (et claire) de son propre corps et de ses défauts éventuels, de sa position dans l'espace, de sa respiration, c'est déjà décider de s'engager dans l'action. Tant il est vrai que c'est dans votre esprit désormais que tout va se passer.

Je vais donner aux femmes un moyen simple de confirmer cette image parfois un peu fuyante et sur laquelle elles hésitent : rendre visite à sa penderie, à son armoire, et tirer la leçon des vêtements qui s'y trouvent. Les jupes trop longues recouvrant les jambes, trop de pantalons, les corsages amples, les manches toujours longues, etc., ont maintenant une signification particulière. Ces vêtements larges et flous n'ont pas été choisis au hasard. Ils avaient pour fonction de dissimuler, ou d'atténuer certains défauts que vous vous attribuiez, sans doute à tort. Ils étaient le fruit de décisions inconscientes. Parfois la conséquence du regard des autres (suggestions extérieures, conseils d'amis) ou de ce que vous considériez, souvent sans raison, comme des critiques. **Votre inconscient enregistre indifféremment pensées positives ou négatives. C'est à vous de les trier, de chasser le négatif et d'attirer le positif. Personne ne le fera à votre place.**

Une pensée négative (je n'arriverai jamais à maigrir, je n'ai aucune chance d'être aimée, je ne trouverai pas de travail car je suis trop grosse, j'ai laissé passer ma chance, je vais avoir l'air ridicule, etc.) peut avoir des conséquences sur tous les systèmes (neurovégétatif, circulatoire, respiratoire, nerveux, etc.) et provoquer à la longue des maladies physiques ou mentales.

Une pensée positive (ça va s'arranger, je vais maigrir, j'ai envie de refaire ma vie, j'ai des projets, etc.) au contraire, apaise l'esprit, redonne confiance en soi, permet de se protéger du regard des autres, de leurs suggestions négatives (les fameux conseils d'amis) et de ce que l'on considère comme des critiques.

Les pensées positives permettent de mobiliser les énergies, peuvent changer le caractère (les bouddhistes le savent depuis toujours) et rapprochent du programme qu'on s'est fixé.

Mon objectif est de vous arracher à la phase négative, aux idées destructrices pour développer ce qu'il y a de bon, de constructif, à l'intérieur de vous-même. **Vous n'êtes plus soumis au regard des autres. Vous savez. Vous êtes prêt à décider, c'est-à-dire à agir.**

Vous allez pouvoir « maigrir là où vous voulez ».

Vous êtes prêt(e) à rassembler les énergies qui pour l'essentiel viennent du ventre, prêt(e) à atteindre la concentration par la respiration-détente, la méditation, en tirant les leçons de toutes les disciplines orientales – yoga, zen – qui rejoignent ma méthode et que je vais mettre à votre portée. Prêts à mettre en œuvre une méthode fondée sur l'harmonisation du corps et de l'esprit, qui va vous entraîner dans une véritable aventure spirituelle, efficace et excitante, ouvrant sur un corps remodelé, en bonne santé, un nouveau sentiment de bien-être, une nouvelle joie de vivre.

Réconciliez-vous avec vous-même

AIDE-MÉMOIRE

Le test du miroir de profil

Attention aux faux diagnostics, balancez votre balance.

- ✔ Êtes-vous sûr(e) de bien évaluer votre poids ?
- ✔ Êtes-vous sûr(e) d'avoir trop de ventre et non pas une hyperlordose ?
- ✔ Êtes-vous sûr(e) de ne pas avoir de cyphose ?
- ✔ Êtes-vous sûr(e) que votre tête est bien à sa place ?

Attention à votre centre de gravité, êtes-vous sûr(e) de bien le placer ?

Test de mobilité des hanches et des genoux.

Test de mobilité des bras et des épaules.

Test de souplesse des jambes et de la colonne vertébrale.

Le test du miroir de face

- ✔ Test des trois creux : cuisses, genoux, chevilles.
- ✔ Observez taille, poitrine, cou et visage.
- ✔ Regardez-vous respirer.

Positivez vos pensées

Se faire une idée claire, vraie de son poids, accepter ce bilan pour être prêt(e) à décider, à agir pour « maigrir là où vous voulez ».

CHAPITRE 2

RASSEMBLEZ VOS ÉNERGIES

Pour maigrir là où vous voulez, ou sculpter votre corps, la méthode que je propose fait appel à une nouvelle façon d'utiliser vos énergies. Une nouvelle façon de les contrôler et de les répartir. L'énergie est la base de la vie. Elle se renouvelle constamment à l'intérieur de vous-même, par apport extérieur.

Selon moi, il existe trois énergies principales :

- ✔ ***L'énergie respiratoire,*** base de l'oxygénation et de la circulation sanguine.
- ✔ ***L'énergie mentale,*** ou spirituelle, qui caractérise l'être humain, et dont les Orientaux ont appris à tirer des bienfaits qui nous échappent.
- ✔ ***L'énergie alimentaire,*** qui nourrit les cellules.

Ces énergies qui sont en vous doivent être maîtrisées, canalisées, équilibrées : un trop-plein d'énergie peut être aussi perturbant qu'un manque d'énergie, et provoquer, lui aussi, une prise de poids.

Physiques ou mentales, ces énergies doivent

impérativement circuler librement et simultanément dans votre organisme. Vous devez être capable de les renouveler, de veiller à leur libre circulation. Et si possible, de les contrôler. Pratiquement tous les troubles fonctionnels que je traite ont pour origine une mauvaise utilisation, une mauvaise répartition ou des coupures des grands courants d'énergie.

- ✔ **Mauvaise utilisation.** La plupart du temps, vous gaspillez votre énergie. Vous respirez mal. Vous mangez trop vite, sans équilibrer vos repas. Vous avez de mauvaises positions quand vous marchez, quand vous courez, et parfois même assis ou allongé. Vous planifiez mal votre emploi du temps. Vous ne savez ni vous concentrer, ni vous relaxer. Vous vous énervez pour rien, vous vous fatiguez inutilement.

- ✔ **Mauvaise répartition.** Cette mauvaise utilisation des énergies a pour conséquence une mauvaise répartition dans votre organisme ; votre système neurovégétatif fonctionne mal et tire peu de profit des apports nutritifs, ou au contraire fait des stocks de graisse, cellulite, cholestérol, etc. De même votre système cardio-vasculaire maltraité est incapable de bien jouer son rôle de diffuseur du sang dans toutes les parties du corps. Quant à l'énergie mentale, elle est souvent négligée, mal répartie, elle aussi, car vous vivez sur les nerfs, à la limite de la surexcitation, ou de la déprime. Votre système nerveux est perturbé, votre système endocrinien est en dysfonction...

✔ **Coupures et blocages.** Il est fondamental que les énergies puissent circuler librement dans l'ensemble de votre corps. Or, je constate fréquemment chez mes patients toute une série de perturbations et de blocages. Au niveau du diaphragme (muscle entre la cage thoracique et le ventre) ; au niveau du bas-ventre ; au niveau de la tête, et tout au long de la colonne vertébrale, des articulations (épaules, coudes, poignets, hanches, genoux, chevilles), sur le trajet des méridiens et des plexus, et à chaque cicatrice (toute cicatrice entraîne une perturbation de la circulation des énergies). Il y a blocage, également, en cas de fracture, de foulure, hématome, jusqu'au rétablissement complet.

L'énergie c'est la vie. Sans une bonne utilisation, une répartition équilibrée, qui évite blocage ou dysfonctionnement, impossible d'arriver à une véritable concentration, impossible de maigrir là où vous voulez de façon efficace et durable. **Je vais vous donner les moyens de rassembler, de contrôler et de tirer profit des énergies, qui vont vous permettre de maigrir là où vous voulez.**

L'énergie respiratoire

Chacun a observé à quel point la respiration est affectée par les émotions comme la peur, la surprise, la timidité. On a facilement « le souffle coupé ». La respiration est accélérée par l'effort, ralentie par la relaxation, la détente, le sommeil. On respire sans y penser. Mais on sait que cesser de respirer signifie cesser de vivre.

La plupart des hommes et des femmes, dans cette partie occidentale de notre planète, respirent mal. Ils se contentent de « ventiler » leur corps, c'est-à-dire d'aspirer mécaniquement par le nez ou la bouche la quantité minimale d'air nécessaire pour survivre, de la rejeter ensuite, et de recommencer. Ils ventilent leur organisme, sans réfléchir, et surtout, en ne mettant en action que l'appareil respiratoire supérieur (nez, bouche, bronches, poumons), sans faire appel au ventre qui est – qui devrait être – l'instrument principal de l'acte respiratoire. Vous l'avez peut-être observé sur vous-même lors du test du miroir.

La respiration naturelle, celle des bébés, celle des animaux, est basée sur le ventre : elle est abdominale. La nôtre ne l'est pas, ou ne l'est plus, et c'est une grande erreur.

Nous ne savons pas respirer. En grandissant, l'enfant perd sa respiration naturelle. J'ai toujours été stupéfait (et indigné) à l'idée qu'à l'école on n'apprend pas aux enfants à retrouver la respiration abdominale.

Chez nous, on se contente de surveiller le bon fonctionnement des poumons et des bronches, et d'intervenir tant bien que mal en cas de difficulté ou de maladie. Seules les femmes, à la veille d'accoucher dans la douleur, ont droit à quelques conseils. Je ne suis pas loin d'attribuer certains échecs d'athlètes français de haut niveau, en particulier les joueurs de tennis, à ce manque d'éducation de la respiration. Tout au long de leur vie, la majorité des Occidentaux se bornent à cette sorte de ventilation d'urgence que je qualifierai de limitée, de stressante, de destructrice. Respirer est un acte tout à fait différent, peu compliqué, dont on peut attendre beaucoup de bienfaits.

Il existe une science de la respiration qui s'est perfectionnée aux Indes depuis quatre mille ans et qui porte un nom sanskrit : *pranayama.* Pour les Indiens, le *prana* est le souffle vital, porteur d'énergie vitale, la véritable source de vie. Les bouddhistes leur ont emprunté leur doctrine, qui fait de la respiration contrôlée la base de toute méditation. Tout récemment, un congrès de médecins asiatiques s'est réuni à Bangalore pour étudier les possibilités de guérison par le *pranayama,* par la respiration, et on a mis en œuvre des moyens techniques très modernes pour mesurer les réactions du cerveau au millième de seconde et au nano-volt près, et étudier les effets de la respiration contrôlée sur des malades atteints de dépression, insomnie, obésité et de certains troubles cardiaques.

Les congressistes ont affirmé que la plupart des symptômes étaient sensibles au *pranayama*, et que de nombreuses guérisons avaient été observées après trois mois de traitement. Même si la médecine occidentale se montre sceptique, j'attache de l'importance à ces communications.

La respiration est au cœur de toutes les disciplines orientales que j'ai pratiquées et analysées depuis des années. Je suis arrivé à la conclusion qu'il était indispensable de transposer ces enseignements, de les adapter à notre forme de vie occidentale pour en tirer des bénéfices. Il y a quinze ans, avec ma femme Florence, nous avions mis au point au Centre de la Grande Forme à Paris, une gymnastique d'harmonie corporelle fondée sur la maîtrise de la respiration. Nous avions engagé des maîtres orientaux, spécialistes du yoga, du zen ou des arts martiaux. Ils comprenaient parfaitement ma méthode, alors que nous avions beaucoup de difficultés à la faire entendre par des moniteurs formés à l'aérobic, à la danse, etc.

Apprendre à respirer, à synchroniser respiration et mouvement m'a toujours paru aussi important que le placement du corps dans l'espace. Apprendre à respirer est donc la première décision qui s'impose, dans la perspective d'accroître sa concentration mentale, sa capacité de méditer et de rassembler son énergie.

Cette phase de respiration est la première de l'aventure spirituelle que vous allez entreprendre pour maigrir là où vous voulez, modeler votre corps et accéder à un équilibre supérieur.

Apprenez à respirer avec votre ventre

En Occident, je vous l'ai dit, on respire uniquement par le thorax. C'est une profonde erreur, une « caricature de respiration ». Il n'est jamais trop tard pour réapprendre à respirer : certains de mes patients s'y sont mis à plus de soixante ans, et même au-delà, et ils m'ont exprimé leur satisfaction.

Pour bien respirer, vous allez mettre en action votre ventre. Au début, il vous faudra un peu d'attention, un petit effort à répéter pendant quelques jours, peut-être quelques semaines. Puis cela deviendra inconscient, automatique, et vous serez sauvé !

Le ventre est, pour moi, le centre de l'activité vitale. Toute énergie part du ventre et irrigue la totalité du corps, par un mouvement en spirale, et en suivant les fameux méridiens de l'acupuncture. C'est pourquoi j'attache une importance primordiale au bon fonctionnement interne de votre ventre, à sa bonne santé.

Pivot de votre équilibre, le ventre joue un rôle vital – doit jouer ce rôle – dans la respiration.

Abandonnez ce réflexe étrange qui nous pousse tous à retenir, à bloquer le ventre dans l'inspiration. Laissez-le gonfler naturellement. Dans l'expiration, rentrez votre ventre.

Petit à petit, vous allez retrouver de la sorte une respiration abdominale, naturelle. Elle va libérer votre diaphragme, permettre à votre cage thoracique de s'ouvrir au maximum, et mettre (ou remettre) en action les muscles endormis, sans doute atrophiés, de votre ventre.

Vous ressentirez rapidement, je vous le garantis, un changement important à l'intérieur de vous-même. Tous mes patients qui ont suivi mes conseils sur ce point précis me l'ont confirmé : leur nouvelle façon de respirer, en faisant pénétrer dans leur corps plus d'oxygène, et de façon différente, en mettant en action les muscles du ventre, favorise la détente, et permet le rassemblement des énergies. Cela ne m'a jamais étonné.

Pour les Orientaux, le ventre est une sorte de « deuxième cerveau » ; les Japonais, qui l'appellent *hara,* lui prêtent le rôle que nous attribuons symboliquement au cœur (il a un cœur gros comme ça, il a bon cœur, il met du cœur à l'ouvrage, etc.) et pensent qu'il est le lieu où naît l'amour. Pour eux, le *hara* détient les clés de la force vitale, le *ki.* Chez eux, en cas de problème physique, on interroge d'abord le ventre (chez nous, on écoute le cœur, et on prend la tension).

J'ai toujours, instinctivement, eu cette approche : le ventre d'abord. J'ai fait disparaître beaucoup de troubles fonctionnels, chez des femmes comme chez des hommes, simplement en rééquilibrant les fonctions de leur ventre et en leur apprenant à respirer avec son aide.

Ce n'est pas difficile mais je vous demande de suivre mes conseils : quand vous pratiquerez naturellement, sans y penser, cette nouvelle respiration, vous aurez accompli un pas important vers l'aventure spirituelle menant à l'amaigrissement ponctuel.

Devant votre glace, vous avez pris conscience de votre déficit respiratoire, de vos défauts éventuels de positionnement dans l'espace, et vous les avez corrigés. Votre dos, votre bassin, vos épaules, vos bras, ont repris une position plus naturelle, plus confortable.

Débarrassé(e) d'idées fausses ou préconçues, libéré(e) du regard des autres, souvent malveillant ou déprimant, vous vous sentez, suivant la formule bien connue, mieux dans votre peau. Maintenant vous allez trouver la meilleure position pour respirer avec votre ventre et votre cage thoracique.

Spiritualisez votre respiration

Debout, assis sur une chaise ou en tailleur sur le sol, posez vos mains à plat sur vos cuisses.

– Inspiration –

Inspirez très doucement et profondément durant cinq secondes. Laissez l'air entrer par le nez sans pincer les narines et sans faire de bruit, le visage sans crispation, la mâchoire détendue, la langue touchant le palais. Grandissez votre dos, allongez votre nuque et rentrez légèrement le menton.

Quand l'air pénètre dans vos poumons, votre

ventre doit être détendu et se gonfler, naturellement, aussitôt. Sous l'effet de l'air inspiré, le diaphragme s'abaisse. (Il se soulève à l'expiration.)

C'est le diaphragme, muscle moteur de la respiration, situé sous le cœur entre thorax et abdomen, au-dessus des organes digestifs, qui va effectuer le travail mécanique. Dans la respiration abdominale, la cage thoracique bouge à peine.

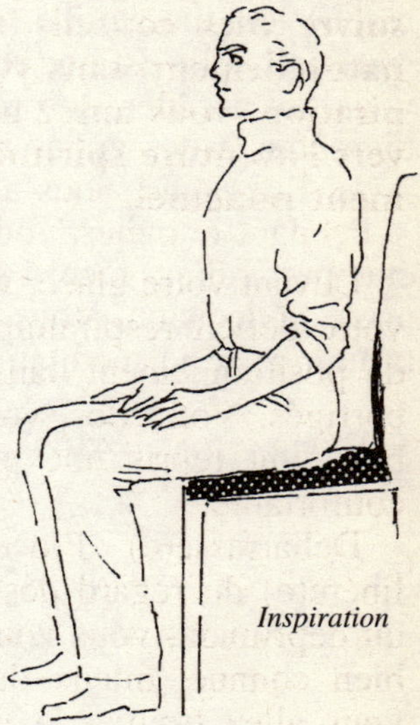

Inspiration

L'inspiration est la phase positive de la respiration. Le corps se remplit d'oxygène, du souffle vital donc d'énergies, d'idées positives ; l'imagination se nourrit, vous pensez à votre corps et au bien que vous lui apportez.

Vous êtes calme et apaisé(e).

– PALIER –

Après les cinq secondes d'inspiration, faites un palier et restez en « apnée » pendant deux ou trois secondes environ. Cette phase intermédiaire entre inspiration et expiration est très importante. Tout le corps est rempli d'oxygène, et on éprouve une sensation de bien-être, d'autant plus intense qu'on a inspiré plus profondément.

Le plongeur Jacques Mayol, recordman de l'apnée, qui a servi de modèle au film *Le Grand Bleu,* dit : « **Entre l'inspiration et l'expiration, c'est le silence, on retrouve son moi.** »

C'est pendant ce court moment de silence intérieur que vous allez vous concentrer sur l'endroit de votre corps que vous désirez modeler et affiner.

La respiration abdominale, contrairement à la respiration thoracique, met en action des facteurs spirituels. Elle est une respiration en profondeur qui vous fait accéder, en produisant les endorphines du bien-être, à des zones nouvelles de votre cerveau. Avec l'oxygène, vous absorbez de l'énergie.

Pendant le palier, vous vous retrouverez dans un état particulier, face à vous-même, favorable à la prise de décision. Vous êtes tout près de la concentration et de la méditation. **Vous existez.**

– EXPIRATION –

Expiration

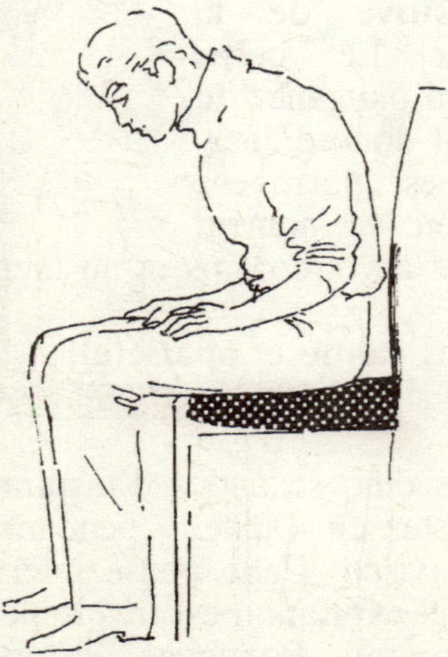

Expirez doucement par la bouche entrouverte pendant cinq à sept secondes. Relâchez la mâchoire ; pour vous aider, produisez le son « aaah » pendant toute l'expiration. Vous devez sentir que le souffle provient de votre bas-ventre.

Si vous éprouvez des difficultés à décontracter votre mâchoire et à rester la bouche ouverte, mettez le majeur et l'index dans votre bouche en appuyant légèrement sur la mâchoire inférieure pour faciliter l'expiration. (Enlevez les doigts pour l'inspiration.)

On peut préférer expirer par le nez, par discrétion (si vous vous trouvez dans un lieu public). Gardez le rythme de cinq à sept secondes. On peut aussi alterner expiration buccale et nasale.

Dans l'expiration, arrondissez progressivement votre dos en laissant tomber la tête sur la poitrine.

Laissez tomber vos bras à l'extérieur de vos cuisses ou bien, pour plus d'efficacité, enfoncez vos poings dans le bas-ventre pour vous aider à expirer plus profondément et créer un auto-massage du système neurovégétatif.

Fin de l'expiration

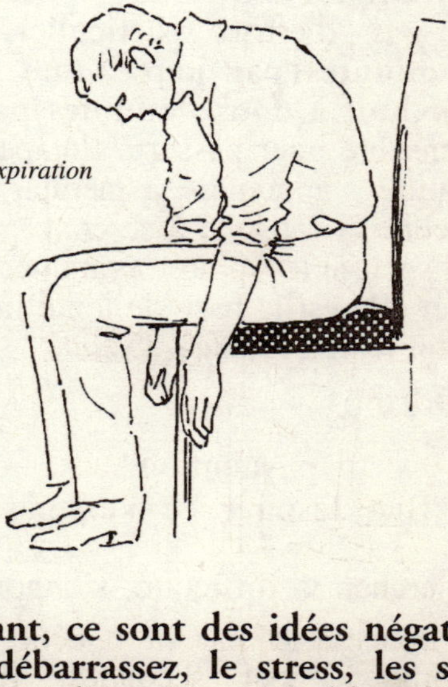

En expirant, ce sont des idées négatives dont vous vous débarrassez, le stress, les soucis, les angoisses, les colères. Un véritable « décrassage » à la fois mental et physique aboutissant à l'élimination des toxines et à la perte de poids.

À la fin de l'expiration, posez vos mains sur vos cuisses. Redressez-vous doucement en reprenant l'inspiration, en montant votre dos, nuque longue, comme si un fil imaginaire tirait le sommet de votre tête vers le haut en déclenchant vos ondes alpha, vos pensées positives.

Quand les mouvements d'inspiration et d'expiration deviendront plus amples, plus réguliers, plus intenses, vous serez alors en possession d'une véritable respiration spirituelle, génératrice de concentration. Vous aurez franchi un grand pas vers l'amaigrissement ponctuel. Et, bénéfice supplémentaire, vous aurez aussi gagné du tonus, un sommeil plus réparateur, un meilleur fonctionnement du cœur et du ventre.

Cette pratique respiratoire d'accès facile ne demande pas d'effort particulier, seulement quelques minutes par jour : une minute par heure, soit huit à douze minutes par jour. Elle est indispensable pour passer à l'étape suivante de notre aventure : apprendre à méditer, afin d'augmenter encore sa capacité à se concentrer. Elle est aussi indispensable pour pratiquer les automassages et elle est la base de toute ma gym énergétique (voir « Agir », page 85).

Attention !
Bien respirer, ce n'est pas :

- ✔ Rechercher la difficulté, s'angoisser de mal faire.
- ✔ Faire des bruits pour marquer inspiration ou expiration.
- ✔ Faire des grimaces : pincer ses narines, crisper son visage, bloquer ses mâchoires...

✔ Faire un effort exagéré : bloquer ou remonter ses épaules, balancer sa tête en arrière, contracter sa nuque...
✔ Adopter un rythme saccadé ou trop rapide d'inspirations et d'expirations forcées.

Ces tendances aboutissent à des blocages, des crispations (asphyxie, étouffement, essoufflement) et, éventuellement, à une suroxygénation des centres nerveux qui se manifeste par l'apparition de points brillants devant les yeux : la tête qui tourne (étourdissement) ou la perte d'équilibre.

Ces efforts exagérés vous éloignent de la détente recherchée pour maigrir là où vous voulez.

L'énergie mentale

Arriver à se concentrer totalement sur le but recherché – en l'occurrence maigrir là où on le souhaite – est la clé de l'aventure de l'esprit que je vous propose. Sans concentration les conseils que je vous donne par la suite perdraient la quasi-totalité de leur efficacité.

Porté(e) par votre nouvelle façon de respirer, génératrice de détente, d'énergie, vous allez maintenant apprendre à rassembler vos forces spirituelles, à plonger au plus profond de vous-même, c'est-à-dire à méditer.

J'ai découvert les voies de la méditation aux côtés d'un prêtre tibétain.

En même temps, j'ai pris conscience du fait que ces voies nous étaient inaccessibles, à nous Occidentaux. (C'est le même problème qu'avec la respiration : certains grands yogi parviennent à retenir leur souffle plus longtemps que nos meilleurs plongeurs sous-marins.) Pris par le rythme de notre vie occidentale, nous n'arriverons jamais aux états extrêmes de méditation des Orientaux – le *Nirvanah,* ou béatitude absolue, par exemple : il faudrait y consacrer notre vie.

En revanche, nous pouvons leur emprunter, en les adaptant, leurs méthodes, leurs techniques, leurs postures, pour atteindre un résultat appréciable.

Grâce aux tests du miroir, vous avez visualisé votre corps dans l'espace et votre position est plus naturelle, plus confortable. Vous avez déterminé votre centre de gravité. La respiration abdominale a rendu son rôle à votre ventre, et vous a apporté une détente supplémentaire. Vous êtes plus conscient de vous-même, plus réceptif, capable d'une concentration qui vous rapproche du but recherché. Mais qui n'est pas suffisante : cette concentration, nécessaire pour parvenir à remodeler votre corps, sera renforcée par la méditation.

Mais attention ! La méditation, si elle est profitable, n'est pas indispensable, au moins dans un premier temps. Vous pouvez maigrir là où vous voulez sans méditer. Si méditer, au début, vous semble trop astreignant, difficile, parcourez les lignes qui suivent sans les mettre en application. Plus tard, quand vous aurez maigri là où vous voulez, ayant atteint un meilleur équilibre physique et mental, revenez sur ce chapitre : méditer vous paraîtra alors facile et accessible, et vous protégera contre une reprise de poids.

Qu'est-ce que méditer ?

C'est atteindre le calme total de l'esprit, le libérer de toute attache et plonger au cœur de la conscience. (Dans une phase supérieure, que prétendent connaître les grands initiés orientaux, cet état ouvre sur une clarté aveuglante, un « état second » de clairvoyance absolue. Nous n'essaierons pas d'aller jusque-là.)

Mais, même en se limitant à un stade intermédiaire, ou inférieur, nous allons retrouver calme et paix intérieure, nous dégager de tout stress, nous laisser porter par un pur flux vital, atteindre une sorte d'état d'harmonie. La méditation nous permettra d'approcher au plus près cette concentration indispensable à la réalisation de notre plan d'amaigrissement ponctuel.

Comment méditer ?

Méditer, ce n'est pas penser, ni même penser fortement à quelque chose ou à quelqu'un. C'est passer à un stade différent de l'activité mentale. Comme je l'ai dit, j'ai emprunté aux techniques orientales les éléments simples à comprendre, les règles faciles à appliquer chez nous, en Occident. Cela ne demande aucun effort de volonté et vous apportera une grande détente, des forces spirituelles nouvelles, et vous rapprochera du même coup de votre but principal : maigrir là où vous voulez.

Imaginez que vous essayez de faire obstacle au mouvement d'une vague en élevant un barrage. La vague se brisera dans un éclat violent, bruyant, stressant. Si, au contraire, vous vous laissez porter par la vague, vous participerez à son mouvement, à son harmonie. Méditer c'est se laisser emporter par la vague de la pensée, sans essayer de la modifier. C'est ainsi que vous parviendrez au premier stade de la méditation, que les Orientaux appellent « état de chiné ».

Pour faciliter l'accès à cet état, il est recommandé d'adopter certaines positions particulières de votre corps : les postures.

Pas d'inquiétude. Il ne s'agit pas de vous imposer des positions douloureuses ou simplement pénibles. Nul ne peut, de but en blanc, se mettre dans la fameuse position du lotus, préconisée par les adeptes du zen. Mais on peut s'en approcher et garder son corps détendu.

La position du lotus est considérée comme la plus favorable à la méditation, et je pense qu'elle l'est vraiment. Elle est basée sur la mise en place de sept points importants du corps. Les voici.

– PREMIER POINT : LES JAMBES –

Asseyez-vous en tailleur sur un tapis épais ou sur une couverture pliée en quatre. Commencez par la position des jambes la plus facile. Le pied gauche se place le long de la jambe droite.

Si vous parvenez à exécuter facilement la position en tailleur, **essayez la demi-position du lotus.** Portez le pied gauche sur la cuisse droite. Laissez votre pied droit sous la cuisse gauche.

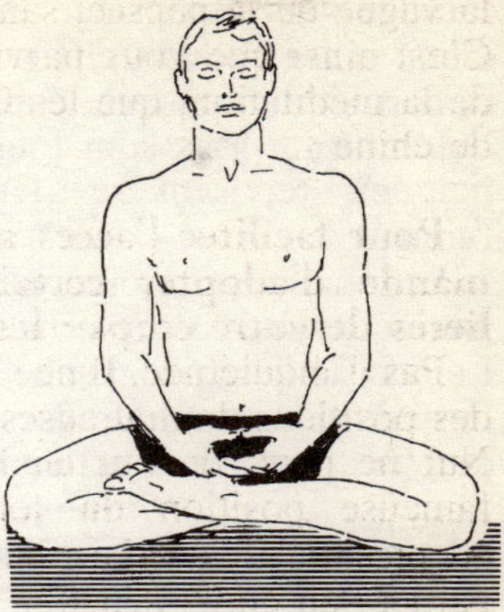

Si cette position ne vous pose aucun problème de souplesse, **essayez la position du lotus.** Vos jambes vont se croiser et vous placerez le pied gauche sur la cuisse droite et le pied droit sur la cuisse gauche. Si vous faites correctement ces mouvements, vos genoux resteront en contact avec le sol.

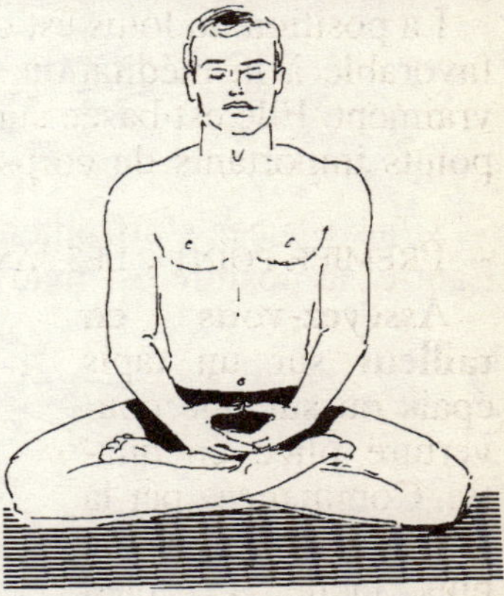

Attention : ne forcez jamais, et prenez la position la plus confortable. Toute douleur, crampe ou fourmillement serait un obstacle à la méditation.

– DEUXIÈME POINT : LES BRAS ET LES MAINS –

Les bras sont tendus et souples le long du corps.

La partie du bras entre l'épaule et le coude est

tournée vers l'extérieur. Elle touche la cage thoracique et les côtes. Cette position dégage la poitrine et permet une parfaite capacité respiratoire.

Les avant-bras sont tournés vers l'intérieur. Les poignets reposent sur les cuisses au niveau de l'aine.

Les mains se rejoignent. La main droite ouverte, paume tournée vers le haut, doigts vers la gauche. Le dos de la main gauche se pose dans le creux de la main droite, doigts vers la droite. Les pouces se touchent à peine, s'effleurent.

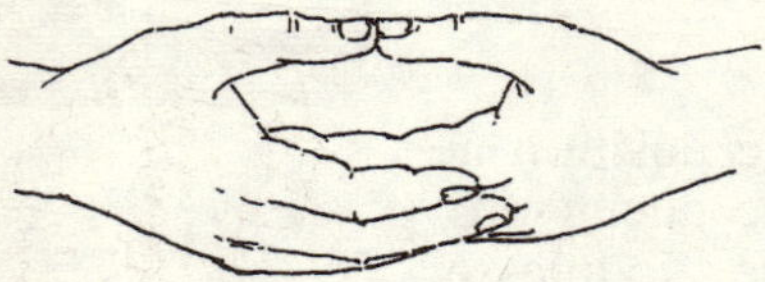

Bonne position

Si les pouces s'affrontent, se pressent l'un contre l'autre, la posture est mauvaise.

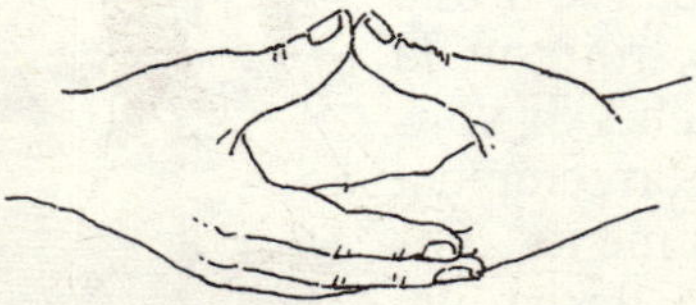

Mauvaise position

De même si les pouces s'affaissent.

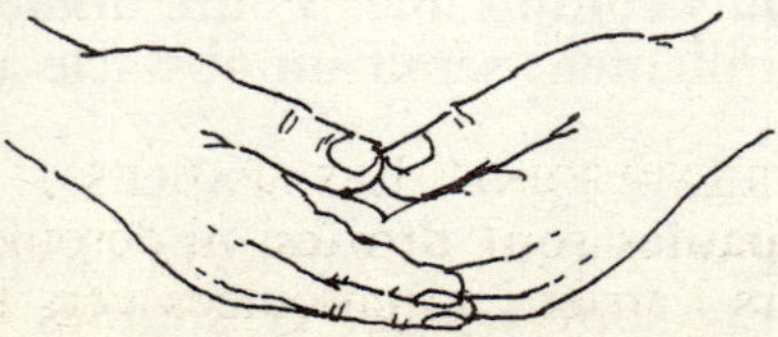

Mauvaise position

– TROISIÈME POINT : LE DOS –

La position du dos est fondamentale : tout votre équilibre en dépend, comme la circulation des énergies, ainsi que le bon positionnement de votre centre de gravité, le fameux *tan-den* des Japonais où toutes les forces actives du corps se rejoignent naturellement. Le dos n'est ni cambré, ni penché sur le côté, le bassin légèrement basculé vers l'avant. Pour trouver une position du dos plus confortable, je vous conseille de vous asseoir sur un coussin dur en surélevant les fessiers.

Bonne position

– QUATRIÈME POINT : LES ÉPAULES –

Les épaules sont droites, ni déroulées exagérément vers l'arrière, ni enroulées vers l'avant, simplement basses. Leur bonne position facilite le positionnement du bassin, de l'abdomen et du dos.

– CINQUIÈME POINT : LA TÊTE –

La tête est droite, ni inclinée en arrière, ni trop penchée vers l'avant. Le menton à l'horizontal, légèrement rentré, exerçant une légère pression sur le larynx ou la pomme d'Adam.

– SIXIÈME POINT : LES YEUX –

Les yeux sont mi-clos, les paupières baissées.

Le regard est dirigé vers le bas. Les paupières détendues, sans bouger, les yeux ne cillent pas. Le regard ne doit pas se fixer ou s'attacher.

– SEPTIÈME POINT : LE VISAGE –

Le visage est calme et détendu. Les mâchoires ne sont pas crispées. Le front est lisse. La bouche légèrement ouverte pour laisser passer l'air comme un filet léger et régulier. La langue repose détendue dans la bouche.

Il n'est pas sûr que vous trouviez tout de suite la position idéale. Vous y arriverez sans doute, après quelques tâtonnements. Le but des sept points est de vous apprendre à détendre totalement vos muscles, à vous maintenir dans un état de relaxation afin d'établir une unité harmonieuse entre le corps, la pensée et l'esprit.

– POSITION JAPONAISE –

Si vous manquez de souplesse, si vous jugez la position en tailleur trop inconfortable, vous pouvez méditer assis(e) sur vos talons dans la position japonaise, un coussin entre les jambes et les fesses, en reprenant les points importants (sauf ceux du lotus évidemment).

Il est fondamental que vous soyez bien installé, confortablement pour que la position, en respectant les sept points, soit la plus correcte possible mais surtout très naturelle. Le fait de

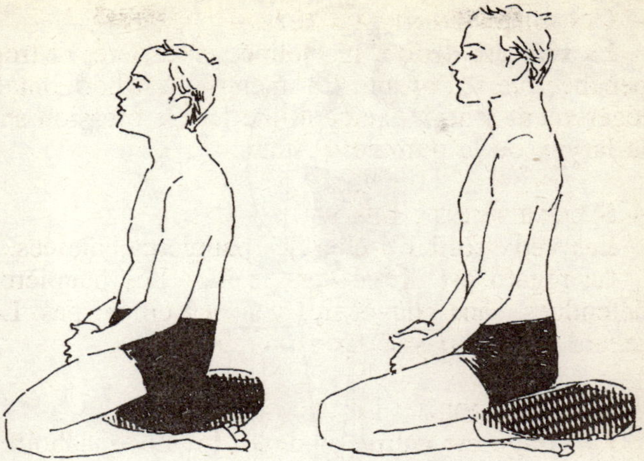

Mauvaise position *Bonne position*

forcer votre corps à tenir une position qui ne vous est pas naturelle créera une mauvaise distribution ou un blocage des énergies et vous pourrez alors ressentir des douleurs issues de ces tensions.

– POSITION ASSISE SUR UNE CHAISE –

Si vous éprouvez des difficultés à tenir assis(e) sur le sol, ne vous découragez pas. N'hésitez pas à commencer à méditer assis(e) sur une chaise.

Dans ce cas aussi, il est important de rechercher une position correcte et confortable.

Le bassin bien placé au fond de la chaise, les jambes ne doivent pas être croisées, les genoux sont écartés, les pieds reposent à plat sur le sol.

Le dos doit être, comme toujours, parfaitement droit afin de libérer l'abdomen et les organes neurovégétatifs (la taille doit être libre, sans ceinture, ni gaine, ni vêtement trop serré).

Les mains se joignent dans la position indiquée, les poignets en appui sur les cuisses, la poitrine doit

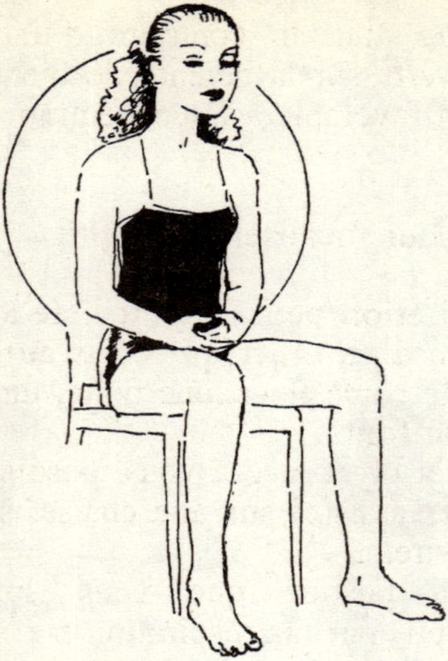

être dégagée afin de pouvoir se déployer correctement dans le mouvement d'inspiration et d'expiration. La position de la tête est importante, la nuque est droite, ni inclinée à gauche, ni à droite, ni en avant, ni en arrière, le menton est parallèle au sol.

Combien de temps méditer ?

Les premières séances de méditation seront courtes, quelques minutes seulement. Choisissez un moment de la journée où vous êtes particulièrement disponible. Vous garderez cette position stable, sans agitation pendant toute la durée de la méditation.

Puis, progressivement, vous prolongerez les séances.

Forcer son esprit dans la contrainte ne vous apporterait que sentiment de frustration, sensation de lassitude, tout le contraire d'une méditation réussie ouverte sur la détente, le bien-être, la joie de vivre, et favorable à la concentration intense.

Un objet pour focaliser son esprit

La méditation peut être facilitée au début par la présence d'un objet que vous aurez choisi de petite taille : une fleur, une boîte, un caillou, une statuette, un fruit...

Placez cet objet face à vous, posé sur le sol ou, si vous êtes assis(e) sur une chaise, sur une table ou un tabouret.

Dans la posture que vous aurez choisie, détendez-vous par ma respiration :

✔ Cinq inspirations de 5 secondes
✔ Un palier de 2 à 3 secondes
✔ Cinq expirations de 5 à 7 secondes.

Ensuite, quand vous vous sentez prêt(e), posez simplement votre regard sur l'objet choisi et concentrez votre esprit sans établir une relation d'attachement, ou de rejet, à l'égard de cet objet. Laissez vos pensées apparaître et disparaître naturellement sans les retenir. Méditer c'est se laisser entraîner par le flux de l'esprit. **Vous pensez, mais vous laissez glisser votre pensée.**

Mais attention ! Arrêtez la méditation dès que vous ressentez des signes de lassitude, de fatigue, de torpeur, d'agitation, comme des picotements des membres, des crampes, les yeux qui clignent ou pleurent... Il est préférable d'interrompre la méditation dans la détente et le bien-être et d'alterner concentration et détente.

Chaque fois que vous en ressentirez le besoin, pour apaiser votre esprit, calmer les tensions, ou vous concentrer, revenez à ma respiration.

Combien de fois méditer ?

Les séances de méditation peuvent être pratiquées aussi souvent que vous en éprouvez le besoin. (De une à six par semaine.)

Très vite, ces séances de méditation, quels que soient l'endroit et la posture choisis, vous apporteront une détente supplémentaire, le calme de l'esprit. Quand vous aurez acquis un peu d'expérience, vous arriverez à méditer n'importe où : en marchant, à la fenêtre et même au milieu des autres. « Pourquoi la méditation aurait-elle besoin de lieux particuliers ? » demandait Jacques Lacarrière aux colloques de la Sainte-Baume. Les bouddhistes qui la pratiquent affirment parvenir à un état d'extrême lucidité, de vision intérieure, de libération totale, de fusion spirituelle avec « l'être suprême ». Je n'entends pas vous mener jusque-là, vous le pensez bien. Mais je sais que vous allez tirer de grands bénéfices de ces séances qui vont devenir un voyage spirituel indispensable à l'intérieur de vous-même. Un moyen de vous dégager des pressions, des tensions, des angoisses de la vie quotidienne, de dominer les colères qui montent parfois en vous (je vous comprends), de vaincre des timidités, d'éloigner des sentiments de frustration.

Et dans un même mouvement, de vous libérer des kilos superflus. Car nous ne perdons pas de vue notre but principal. **Comme la respiration, la méditation, en ouvrant sur la concentration, va vous permettre de rassembler vos énergies pour passer à l'action. Et de maigrir là où vous voulez.**

Attention !
Méditer, ce n'est pas :

- ✔ Se fermer aux perceptions extérieures comme pour se protéger.
- ✔ Penser que l'esprit doit être absent ou anesthésié, vide de pensées.
- ✔ Penser que l'esprit doit créer, stimuler ou modifier sa pensée.
- ✔ Retenir, figer, ou repousser ses pensées.
- ✔ Un état de transe bizarre.
- ✔ Un état artificiel ou marginal.
- ✔ Une démarche intellectuelle.
- ✔ S'enliser dans les souvenirs et ruminer le passé.
- ✔ Anticiper le futur et spéculer sur des choses que nous ne pouvons pas prévoir et de faux espoirs.
- ✔ Développer de l'orgueil ou de l'autosatisfaction comme se culpabiliser pour le présent.

Toutes ces manifestations entravent et troublent la méditation, n'apportent que souffrance, stress et anxiété, vous interdisent de retrouver vos marques, et font obstacle à vos possibilités d'action.

L'énergie alimentaire

Une partie de l'énergie que vous allez rassembler en vous-même, et concentrer, est puisée dans votre alimentation.

Dans votre quête d'énergie, manger est aussi important que respirer. Les aliments nous permettent de maintenir notre corps à la température optimale, de le mettre en mouvement, et de le régénérer.

C'est dire l'importance de l'alimentation dans le rassemblement et la répartition de l'énergie.

Je ne vais vous proposer dans ce livre ni régime (j'y suis opposé), ni compléments alimentaires (vitamines, oligo-éléments, etc.). Je vais simplement vous donner les moyens d'éviter les erreurs qui ont pour conséquence des coups de fatigue, un manque de concentration, des coupures d'énergie, et la prise de poids.

Alimentation énergétique : les erreurs à éviter

– NE FAITES PAS DE RÉGIME –

Pour moi, tous les régimes sont source de déséquilibre, de grande fatigue, de nervosité, d'agressivité et d'état dépressif. Tous les régimes, au début, font perdre du poids – mais on reprend rapidement le poids éliminé et souvent avec quelques kilos supplémentaires. Chaque régime provoque carences et troubles, souvent difficiles et lents à corriger. Les régimes « terroristes » suivants en sont la démonstration :

✔ ***Régime végétarien :*** sont interdits tous les produits d'origine animale.

Conséquence : Difficile à équilibrer. Engendre à la longue (surtout pour les enfants) des carences en vitamines B12, calcium et acides aminés. Ils ont pour conséquence manque d'énergie, fatigue et problèmes digestifs.

✔ ***Régime des « basses calories » :*** restriction de l'apport calorique par la suppression des sucres lents (pain, pâtes, riz, pommes de terre).

Conséquence : Difficile à suivre et stressant car on doit peser tous les aliments pour ne pas dépasser le nombre de calories autorisé. Provoque fatigue, état dépressif.

✔ ***Régime macrobiotique :*** fondé sur la philosophie zen, selon laquelle la nourriture se divise en :

– aliments yin (dilatateurs) : légumes verts, sucres raffinés, fruits...

– aliments yang (constricteurs) : céréales (préparées à la vapeur et assaisonnées d'huiles végétales et de sel marin). Sont interdits tous les produits d'origine animale. L'hydratation est considérée comme peu utile.

Conséquence : déficit en calcium et en vitamines C et A. Déminéralisation, déshydratation, troubles neurovégétatifs, fatigue, dépression, asthénie, jaunissement des dents, relâchement de la peau, chute des cheveux, ongles cassants... Régime extrêmement dangereux.

✔ ***Régime hyperprotidique :*** le régime à la mode. Il est basé sur la surconsommation de protéines en sachet, poudre, crème ou potage et de compléments vitaminiques et sels minéraux de synthèse.

Conséquence : Le régime fait perdre du poids, au prix d'une véritable malnutrition. Dangereux pour l'équilibre physique et psychologique. Il perturbe le sommeil, rend nerveux et irritable. Il ne devrait jamais être pratiqué sans une stricte surveillance médicale, voire en milieu hospitalier pour des cas très spécifiques d'obésité.

- ✔ ***Régime dissocié (Shelton) :*** on ne mange qu'un seul aliment (légume, fruit, laitage, viande ou poisson) pendant six jours. Le septième jour est libre.

  Conséquence : lassitude, déséquilibre, et excès alimentaires pour compenser, donc reprise de poids.

- ✔ ***Régime Atkins :*** fondé sur l'impossibilité des lipides alimentaires à se transformer en graisses de réserve sans l'apport de glucides. Autorise les corps gras à volonté et supprime les sucres.

  Conséquence : troubles sévères, déshydratation, augmentation du taux d'acide urique, hypovitaminose C.

  Ce régime est dangereux et la rechute est inévitable.

- ✔ ***Régime Mayo :*** menus très rigides jouant sur certaines associations alimentaires. Suppression des laitages et des protides, quatre à six œufs par jour, à suivre pendant quatorze jours.

  Conséquences : régime hypocalorique, fatigant, provoque des carences en calcium, rend nerveux, irritable, anxieux. Perturbe le sommeil.

Ces régimes sont directifs et substituent une règle terroriste à la volonté défaillante du patient. Ils augmentent le taux d'acidité dans l'estomac et au niveau du duodénum ; ils dérèglent la fonction normale du pancréas, de la vésicule biliaire et du foie ; ils irritent les intestins et sont à l'origine de dysfonctionnements de l'appareil neurovégétatif.

Aucun ne prévoit de réadaptation à l'alimentation normale. Le patient, souvent affamé, sans énergie, déprimé, anxieux, irritable, en état de moindre résistance aux maladies, reprend très vite ses mauvaises habitudes, perd sa bonne humeur, sa joie de vivre et son potentiel énergétique.

– NE SAUTEZ PAS DE REPAS –

La source alimentaire de l'énergie doit être régulière. Le petit déjeuner est, et doit rester, le « starter » de l'énergie. Par la suite il est impératif de manger toutes les quatre heures, avec deux collations entre les repas pour maintenir l'apport régulier d'énergie et éviter les « coups de pompe » (hypoglycémie) avec prise de poids immédiate et dérèglement du système neurovégétatif. Les travailleurs manuels l'ont bien compris : ils complètent spontanément leurs trois repas principaux par le traditionnel « casse-croûte ». Fondé sur la dépense d'énergie physique, le rythme alimentaire favorise aussi la concentration mentale, et je le conseille aux travailleurs intellectuels. L'énergie mentale est aussi exigeante que l'énergie physique.

– NE MANGEZ PAS TROP –

La nourriture doit être répartie toute la journée pour obtenir un apport régulier d'énergie.

Un repas trop abondant fatigue le système neurovégétatif, d'où la redoutable baisse de tonus et une perte importante d'énergie aussi bien physique que psychologique (état de somnolence et perturbation du sommeil). On stocke les graisses dans le foie, les muscles, le tissu conjonctif, on fatigue le cœur, c'est la porte ouverte aux maladies cardio-vasculaires.

– NE MANGEZ PAS DE FAÇON IRRÉGULIÈRE –

Il est très mauvais pour l'énergie de mal répartir la prise alimentaire tout au long de la journée (grignotage, boulimie sont souvent signe d'une anxiété refoulée). Le système neurovégétatif ne se repose jamais, le foie en saturant ne peut plus éliminer les graisses, d'où fermentation et constipation. On est constamment en proie à des coups de pompe ; c'est la prise de poids immédiate. Autre piège : les coupe-faim, refuges contre la peur d'avoir faim, qui entraînent à la longue des crises de boulimie.

– NE MANGEZ PAS N'IMPORTE QUOI –

Le rassemblement de l'énergie alimentaire exige une connaissance de base des trois grandes catégories d'aliments que vous devez associer à chaque repas (protides, glucides, lipides) et des éléments qui les composent (vitamines, oligo-éléments, minéraux, etc.). Vous éviterez ainsi les déséquilibres – carences ou excès – générateurs de fatigue, de fermentations intestinales avec ballonnements. De même, pour rassembler vos énergies, évitez à tout prix les substituts de repas vendus, en pharmacie ou ailleurs, sous forme de boîtes ou de sachets, produits liquides, semi-liquides ou en poudre, qui déclenchent une fermentation intestinale et perturbent votre système neurovégétatif, d'où déperdition d'énergie.

Dans le cinquième chapitre, je vous donnerai une liste des vrais et des faux amis alimentaires de l'énergie.

– NE MANGEZ PAS TROP VITE –

Il est essentiel de manger lentement, afin de tirer le meilleur profit des aliments (bien choisis), et de manger assis(e), détendu(e), dans une atmosphère conviviale. Le processus de la digestion commence bien avant la première bouchée quand, sur fond de souvenirs, de suggestions, d'odeurs, d'images, de bruits, etc., naît l'appétit. Tous les sens se réunissent pour créer l'envie. On salive bien avant de commencer à manger, ce qui joue un rôle favorable dans le processus d'assimilation-élimination. Manger précipitamment entraîne des dysfonctions du système neurovégétatif, nerveux, des coupures d'énergie et toute une série de troubles : c'est la prise de poids assurée.

– NE BUVEZ PAS INCONSIDÉRÉMENT –

Il faut boire au minimum entre un litre et un litre et demi par jour, tous liquides confondus. Boire trop à table dilue le bol alimentaire, dilate l'estomac, ralentit la digestion, fatigue les reins et provoque des coupures d'énergie. L'excès d'alcool est bien sûr à proscrire pour tous ses effets négatifs bien connus mais, personnellement, je conseille un verre de bon vin au déjeuner et au dîner.

– N'ABUSEZ PAS DES MÉDICAMENTS –

Beaucoup tentent de compenser eux-mêmes, sans avis médical, les carences d'une alimentation insuffisante ou mal équilibrée, en avalant des compléments chimiques (vitamines, excitants, calmants, etc.). C'est pour l'énergie une très grave erreur car on intoxique foie, reins, rate. On dérègle la thyroïde et tout le système hormonal. On se trouve dans un état d'hyper, ou d'hypo excitabilité. Tout le métabolisme de l'assimilation-élimination est alors perturbé.

Certains médecins peu scrupuleux prescrivent à leurs patients des extraits thyroïdiens. Ces doses ont pour effet de mettre la thyroïde au repos. Ce qui est inutile et dangereux si cette glande est normale cliniquement et biologiquement. D'autre part, ces extraits thyroïdiens augmentent la glycémie, donc le diabète, fatiguent le foie, dérèglent l'humeur et peuvent même être à l'origine de problèmes cardio-vasculaires. Le docteur Albert-François Creff, mon professeur à l'hôpital Saint-Michel, a écrit : « On peut et on doit maigrir sans remède », et : « Dans des conditions normales, aucun médicament ne fait maigrir. » Attention donc à certains « prescripteurs » qui associent toutes les possibilités médicamenteuses en un cocktail parfois redoutable ! **Une alimentation bien dosée, variée, bien choisie, doit sans aide extérieure, vous apporter la totalité de l'énergie dont vous avez besoin pour enrichir vos cellules, vous concentrer et bientôt agir pour sculpter votre corps.**

– FUMER N'A JAMAIS FAIT MAIGRIR –

Il est reconnu qu'un groupe de fumeurs est en moyenne plus maigre qu'un groupe correspondant de non-fumeurs (environ cinq kilos de différence). D'où la crainte chez un grand nombre de fumeurs de prendre du poids en arrêtant de fumer. **Crainte injustifiée : si vous arrêtez de fumer, la pratique régulière de ma respiration est un moyen efficace pour éviter le surpoids en régularisant l'appétit.**

On arrive même au paradoxe suivant : certaines personnes, pour garder la ligne, se mettent à fumer au détriment de leur santé et de leur humeur.

Alimentation énergétique : ce qu'il faut faire

Vous trouverez dans le cinquième chapitre des conseils pour sélectionner parmi tous les aliments ceux qui vont devenir vos amis dans la quête et le rassemblement d'énergie que vous avez entrepris.

Ces conseils faciliteront votre choix dans les magasins, au restaurant, à la cantine et vous permettront de composer en toute circonstance des menus équilibrés, énergétiques, appétissants afin d'associer plaisir de la table et recherche d'équilibre alimentaire.

Nous avons en France la chance de disposer d'une variété de produits alimentaires de très grande qualité. Beaucoup d'entre eux ont une valeur méconnue que je vais vous faire découvrir. Le métabolisme doit tous les jours équilibrer les apports et les dépenses d'énergie. Il faut plus d'énergie pour entretenir un corps ferme et musclé par l'exercice et par une bonne oxygénation que celui d'une personne sédentaire. Si vous aimez le plaisir de la table, vous allez apprendre à choisir judicieusement les aliments énergétiques et à bouger avec ma gym pour brûler les excédents de graisse et les toxines afin de maintenir votre corps à son poids idéal. Dans un même élan, vous préviendrez les graves maladies : cholestérol, hypertension, diabète, rhumatismes, ostéoporose, cancers, etc. Un grand pas de plus vers la conquête de la concentration et la réussite de l'amaigrissement dirigé.

Rassemblez vos énergies

AIDE-MÉMOIRE

L'énergie respiratoire

- ✔ Apprenez à respirer avec votre ventre.
- ✔ Spiritualisez votre respiration.
- ✔ Attention, bien respirer ce n'est pas...

L'énergie mentale

- ✔ Qu'est-ce que méditer ?
  Pour vous concentrer, apprenez à méditer.
- ✔ Comment méditer ?
  Positionnez votre corps en sept points.
- ✔ Combien de temps méditer ?
- ✔ Choisissez un objet pour focaliser votre esprit.
- ✔ Combien de fois méditer ?
- ✔ Attention, méditer ce n'est pas...

L'énergie alimentaire

- ✔ Attention, évitez les grandes erreurs, causes de coupures d'énergie et de prise de poids.
  - Faites-vous des régimes ?
  - Sautez-vous des repas ?
  - Mangez-vous trop ?
  - Mangez-vous de façon irrégulière ?
  - Mangez-vous n'importe quoi ?
  - Mangez-vous trop vite ?
  - Buvez-vous trop ?
  - Abusez-vous des médicaments ?
  - Fumez-vous ?
- ✔ Alimentation énergétique : ce qu'il faut faire.

Ces énergies qui sont en vous, que vous apprenez à maîtriser, vous mettent sur la voie de l'amaigrissement ciblé.

CHAPITRE 3

IMPRÉGNEZ-VOUS DE LA SAGESSE ORIENTALE

Parvenu(e) à ce point du livre, vous n'êtes plus exactement celui ou celle que vous étiez quand vous en avez commencé la lecture. Si vous avez suivi mes conseils, vous avez de vous-même, de votre corps, une image débarrassée de certaines idées fausses ou « toutes faites », vous êtes libéré(e) du regard des autres souvent néfaste. Vous avez compris l'intérêt d'orienter vos pensées vers le constructif, le positif.

En modifiant la position de vos épaules, de vos bras, de votre dos, en ayant pris conscience de votre centre de gravité, vous vous sentez mieux installé dans l'espace, vous vous déplacez mieux. **Vous avez retrouvé vos marques.**

Vous avez commencé à rassembler les énergies, respiratoire, mentale, alimentaire, qui vont vous permettre de maigrir là où vous voulez, et de sculpter votre corps. Sur la voie de la concentration indispensable, vous avez déjà modifié votre façon de respirer ; et vous êtes capable désormais de combattre efficacement le stress, la fatigue, l'anxiété, la nervosité et la timidité.

Ce n'est pas fini.

Vous avez constaté que, pour spiritualiser votre respiration et vous amener à la méditation, j'ai emprunté aux disciplines orientales les postures des initiés du yoga ou du za-zen.

Les disciplines orientales vont vous permettre de vous rapprocher encore de la concentration.

Je les ai pratiquées et interrogées avec patience en France et au cours de divers voyages en Asie, depuis plus de trente ans. Laissez-moi vous expliquer dans quelles circonstances j'ai entrepris cette enquête et les profits que j'en ai tirés, et que j'entends vous faire partager.

En accord avec les lois de la nature

Le yin et le yang

Sur nous, Européens ou Occidentaux, les disciplines et les techniques venues d'Asie – yoga, zen, tai-chi-chuan (méditation chinoise en mouvement), acupuncture, massages, shia-tsu, et

même les arts martiaux comme le karaté, l'aïkido, etc. – exercent une sorte de fascination.

Un jour ou l'autre, nous avons réfléchi à l'approche orientale des problèmes de la vie, nous avons été tentés par les philosophies lointaines. Nous avons été séduits par l'idée que nous étions les produits de plusieurs énergies, en particulier les fameuses énergies opposées indissociables et complémentaires, le yin et le yang, symbolisées dans la figure célèbre :

Comme les Orientaux, je considère que l'homme, pour conserver sa santé et faire ce qu'il veut de son corps et de son esprit (se concentrer, méditer, bouger, maigrir) doit vivre en parfait accord avec les lois de la nature, les climats, les saisons, les rythmes biologiques, les rayonnements, etc.

Pour les Chinois, tout est lié à l'énergie primordiale, ou *tchi*. C'est la fameuse loi du yin et du yang – les deux principes toujours en mouvement, opposés et complémentaires, base de la médecine chinoise.

L'équilibre que je recherche, et qui va vous permettre de maigrir là où vous voulez, s'inspire directement de cette loi. Pour que le *tchi* circule convenablement, le yin et le yang doivent être équilibrés dans le corps. Personnellement, je n'ai jamais traité un patient sans tenir compte de l'équilibre du yin et du yang qu'on retrouve dans la circulation des énergies. Pour faire maigrir, je prends en considération l'individu dans son ensemble, son environnement, ses rythmes de vie, ses sens, sa respiration et son alimentation. L'existence de ces deux principes opposés crée une dynamique d'énergie constante génératrice de mouvement, d'action, d'optimisme, de bonne santé. J'ai toujours travaillé instinctivement selon cette approche. Plusieurs séjours en Asie m'ont confirmé la justesse de mon instinct. Ces courants d'énergie (*tchi* en Chinois, *ki* en japonais) circulent le long de trajets appelés méridiens, lignes de force de notre corps. Ils sont au nombre de douze, six à gauche – yin –, six à droite – yang – (voir chapitre « Agir », p. 86).

Chacun est relié à un organe par un système de ramifications énergétiques complexe. Au niveau de la peau, se trouvent des points qui offrent une résistance plus faible au passage des énergies, qu'on sollicite par des aiguilles (acupuncture), par des massages ou pressions afin d'augmenter, modifier ou débloquer l'apport d'énergie vers les différents organes, glandes ou systèmes (l'acupuncture se pratiquait à l'origine avec des bâtonnets de bambou brûlants. Aujourd'hui encore certains acupuncteurs utilisent la procédure des *moxas* – produit végétal chauffé – qui a pour effet d'augmenter l'action des aiguilles).

Les leçons de l'Orient

Qui parmi nous n'a été attiré, un jour ou l'autre, par les promesses de guérison, de détente, de sérénité, bref de bonheur, que symbolisent ces philosophies, ces méthodes ? Et qui n'a été déçu ?

Je pense qu'il y a beaucoup à apprendre, des différentes disciplines orientales. Mais tout n'est pas bon à prendre. L'erreur principale consiste à vouloir les transposer dans leur totalité dans notre contexte de vie quotidienne. Plus qu'une erreur, c'est un contresens. Il faut savoir que, pour réaliser leurs exercices de contrôle musculaire, de concentration, de méditation extrême, certains yogi, en

Inde, s'entraînent pendant des mois, voire des années, et s'alimentent selon des règles strictes pour fortifier tels muscles ou tels organes. Les grands initiés consacrent la totalité de leur temps à l'accomplissement de leur art. Tout cela n'est même pas pensable chez nous.

En revanche, je suis sûr qu'il y a beaucoup de choses à prendre chez les Orientaux, dans notre quête de détente, de guérison de nombreux troubles fonctionnels, de prévention des maladies, de recherche de sagesse, de bien-être, et de lutte contre les kilos superflus.

J'en ai toujours eu la certitude, même au cours de mes études de kinésithérapie, d'ostéopathie, de naturopathie et de diététique. **Dès le début de ces études, en effet, j'avais été frappé par le fait qu'on m'enseignait certes beaucoup de choses, on me donnait la possibilité d'appliquer de nombreuses techniques de guérison, ou de soulagement, mais jamais personne ne me donnait les méthodes pour traiter, dans un même élan, le corps et l'esprit.** On me donnait les moyens d'intervenir sur les endroits douloureux ou endoloris, parfois malades, de l'organisme, mais on ne me parlait jamais de l'homme dans sa totalité, de l'harmonie corps-esprit, du yin et du yang, ni des énergies à l'intérieur de nous-même.

Pendant plus de dix années, à mesure que j'avançais dans mes études, cette absence me semblait de plus en plus évidente, je devenais sceptique, je ressentais ce manque de façon presque douloureuse.

En kinésithérapie, j'ai appris l'anatomie humaine, la physiologie articulaire, des manœuvres de massage efficaces pour traiter ou rééduquer différentes parties du corps. Mais il ne s'agissait que de parties précises du corps, comme si l'ensemble ne nous concernait pas.

Pour la respiration, par exemple, on ne s'occupait que de rééducation. Pas question de s'intéresser à une autre fonction que celle qui était désignée par le médecin. C'était interdit.

Pendant mes études d'ostéopathie, j'ai appris à débrider et débloquer les articulations par des techniques manuelles, à travailler les muscles et les fascias (membranes qui entourent des muscles) en profondeur pour rééquilibrer le système neuromusculaire et traiter les troubles fonctionnels. Mais on s'arrêtait – hélas ! – à l'idée occidentale que la structure gouverne la fonction.

En naturopathie, on m'a dit comment régénérer le corps par le mouvement, l'hygiène de vie, l'alimentation, l'adaptation à l'environnement. Pas question de se pencher sur la relation entre le corps et l'esprit, chasse gardée des spécialistes jaloux de leur prérogatives, les « psy ».

Je n'en revenais pas et, débutant mon activité, je refusais de me laisser emprisonner à l'intérieur de ces règles pour moi inacceptables. Je traitais mes patients, mais je ne pouvais me limiter à ces traitements corporels quelle que fût leur efficacité. Je m'intéressais au malade autant qu'au trouble, à ses énergies, sa respiration, sa façon de se détendre, son sommeil, son ventre, etc. Je me penchais sur ses problèmes psychologiques, sa difficulté d'être, sa timidité, sa nervosité, sa sexualité, ses soucis, ses angoisses. À l'époque, c'était une sorte de révolution.

De nombreux kinésithérapeutes ressentant le même désarroi, se sont plongés pour se perfectionner dans la méthode de Françoise Mézières, excellente technique pour rendre souplesse et musculation à la colonne vertébrale. Mais insuffisante, car ne tenant pas compte de l'individu dans son ensemble. D'autres thérapeutes manuels ont choisi d'autres voies, avec la chiropraxie ou l'ostéopathie (manipulation vertébrale), la réflexothérapie, etc.

Même réaction de ma part quand il s'agissait de diététique : la nature des aliments, leur teneur en vitamines, leur valeur calorique n'avaient pas de secret pour moi, non plus que leur effet sur les dysfonctionnements neurovégétatifs, mais mes professeurs n'évoquaient jamais les stress de l'environnement, leur incidence sur les processus de l'assimilation ou de l'élimination, ne traitaient pas l'être humain dans son ensemble.

Ce sont les disciplines orientales qui m'ont apporté les réponses que je cherchais avec insistance.

Mes voyages en Asie m'ont donné l'occasion d'approfondir ce que je ressentais au plus profond de moi-même, et m'ont apporté les moyens de donner à mes soins, à mes traitements l'efficacité indispensable.

À l'hôpital de Bangkok, un moine bouddhiste m'a enseigné comment prolonger sur l'esprit les effets des thérapies manuelles et libérer l'inconscient.

Auprès d'un moine tibétain, j'ai appris que les traitements manuels pouvaient avoir des effets jusqu'au plus profond de l'être.

Un acupuncteur japonais, médecin réputé, m'a initié aux secrets des méridiens vecteurs d'énergie, aux possibilités d'intervention avec les fameuses aiguilles.

J'ai recueilli auprès d'un disciple de Maître Tokujiro Namikashi, les secrets du *shia-tsu,* acupuncture sans aiguille, base des fameux auto-massages (que je vous proposerai au chapitre « Agir pour maigrir »).

Plus tard, quand j'ai ouvert avec Florence le Centre de la Grande Forme à Paris, j'ai travaillé avec des professeurs de yoga, de za-zen, de tai-chi-chuan, d'aïkido, de karaté. Aujourd'hui, dans mon domaine du bien-être à l'île de Ré, j'applique toujours les mêmes principes.

J'ai acquis la conviction que mon intuition ne m'avait pas trompé et que, depuis le début de mes activités de thérapeute, j'avais été sur la bonne voie en m'efforçant de ne pas me limiter à soigner le trouble, mais en me penchant sur l'ensemble que constituent le corps et l'esprit. Je savais que pour obtenir un résultat valable et durable dans tous les cas sans exception – y compris celui des kilos superflus –, je devais m'interroger également sur les autres fonctions du patient : sa respiration, son assimilation, son élimination, ses rythmes de vie, son mental, et aussi – et surtout – sa spiritualité.

Au-delà de la médecine traditionnelle

J'ouvre ici une parenthèse. Je ne veux, en aucun cas, instruire le procès de la médecine, surtout pas de la médecine française que je tiens pour une des meilleures, sinon la meilleure, du monde. Notre recherche médicale est très active, contribue régulièrement à une meilleure connaissance des maladies, et nous fournit constamment de nouvelles armes : même si, en tant que thérapeute, j'ai pu entrer en opposition avec certains médecins qui supportent mal qu'on s'aventure sur leur territoire. De plus en plus de médecins recherchent comme moi, et comme beaucoup de thérapeutes, au-delà de la réponse stéréotypée venue de leur enseignement trop livresque et trop technique, une autre approche plus humaine et finissent par se pencher sur les techniques orientales.

À mon avis, la spécialisation, qui néglige l'ensemble corps-esprit est une erreur. Et, c'est peut-être le plus grave, une sorte de tabou réserve aux « psy » – psychologues, psychiatres, psychanalystes – le soin de se pencher sur les troubles de l'esprit.

De même, je m'interroge sur l'importance, à mes yeux excessive, accordée aux analyses médicales, systématiques et répétées, à toute la batterie d'examens, aux traitements stéréotypés, aux médicaments. J'inclus, bien sûr, les régimes alimentaires dans cette catégorie.

Combien de patients et de patientes ont-ils échoué dans mon cabinet après avoir essayé régime sur régime, avoir maigri et repris du poids, avoir abusé des médicaments et des vitamines au détriment de leur santé. À chaque fois, je constatais qu'on leur avait prescrit un régime sans se préoccuper de leur rythme de vie, leur façon de manger, leur capacité de détente, leur sexualité, leur respiration, leur état psychologique et spirituel. Je me souviens d'une femme qui avait consulté sans succès six nutritionnistes ou diététiciens. Chacun lui avait prescrit un régime. Aucun ne s'était penché sur l'ensemble de ses problèmes, ses troubles fonctionnels, son manque d'énergie, son sommeil perturbé.

Dans le monde, aujourd'hui, les problèmes d'excès de poids sont de plus en plus répandus. Selon une statistique récente, en 1980, en Occident, un quart de la population souffrait de surcharge pondérale. Actuellement, la proportion atteindrait le tiers des personnes et, selon la même statistique, en l'an 2200, tous les Occidentaux seront touchés. Quand le Président Kennedy fut assassiné, on retrouva sur son bureau de la Maison-Blanche le rapport qu'il projetait de lire en priorité à son retour du Texas : il concernait la prise de poids excessive chez les adultes et les enfants américains. Déjà, en 1963 ! Aujourd'hui, d'après certains journaux, aux États-Unis, des obèses se regroupent en sectes et par leurs prières, en appellent à Dieu pour les débarrasser des kilos superflus ! Dieu en diététicien suprême ! On aura tout vu.

Il est clair, pour moi, que la source principale de ce désastre programmé se trouve dans les nouvelles habitudes alimentaires : on mange debout, très vite, stressé, « à l'américaine ». En Chine, où le *fast-food,* le « manger rapide », se met à faire des ravages, on voit apparaître les premiers cas d'obésité enfantine. Au Japon, où les mœurs ont changé il y a bien longtemps, on a enregistré des suicides d'enfants trop gros !

Je n'ai cessé de réfléchir à tous ces problèmes. Dans les méthodes orientales, j'ai trouvé ce qui nous manque et j'ai fait une synthèse de ces éléments sortis d'un contexte qui les rendait inutilisables chez nous. Cela m'a conduit à la méthode que je vous propose pour corriger les défauts d'un corps que vous souhaitez sculpter, pour maigrir là où vous voulez, retrouver une

excellente santé, acquérir une nouvelle vitalité physique et mentale.

Priorité à l'harmonie

Les techniques orientales sont presque toujours mal adaptées, mal appliquées chez nous.

Combien de patients ai-je vu arriver dans mon cabinet avec des séquelles, coups et traumatismes, pour avoir suivi un enseignement trop brutal, de karaté, aïkido, etc. Même le yoga – que je tiens pour une des plus belles disciplines corporelles – peut provoquer, mal enseigné, des tassements de vertèbres lombaires, dorsales, cervicales, des micro traumatismes de la colonne vertébrale, lumbagos, torticolis, fragilités des hanches et des genoux. Souvent ces personnes souffrent en plus d'une grande fatigue générale et de sérieux maux de ventre. D'autant plus que, très fréquemment, la pratique de ces méthodes orientales s'accompagne de régimes végétariens, macrobiotiques ou autres, désastreux pour la santé physique et psychique.

Quand je suivais en France des cours de hata-yoga, j'ai remarqué que les élèves, pas assez préparés physiquement ou psychologiquement, prenaient trop vite certaines postures trop difficiles ; conséquence : ils souffraient de tensions ligamentaires et de blocages articulaires.

En Orient, on prépare longuement chaque séance avec des mouvements adaptés, une alimentation plus alcaline que la nôtre (basée sur le riz et les légumes) qui donne au corps une souplesse et une énergie très supérieures.

La pratique du zen chez nous peut aboutir à une

autre incohérence. J'ai souvent soigné « des patients zen » qui souffraient de troubles psychologiques, qui étaient en décalage par rapport à la vie active occidentale, en déséquilibre dans leur famille, leur couple et leur travail. Ils avaient perdu le sens des réalités. Arts martiaux ? Ce peut devenir encore plus grave : en Orient, l'initiation prend beaucoup plus de temps qu'en Europe et exige une grande maturité. Mal adaptés et commercialisés chez nous, les arts martiaux ont souvent pour conséquence de bloquer les énergies, de développer l'agressivité, de traumatiser les articulations, de fatiguer l'organisme, et d'engendrer des surcharges pondérales, surtout au niveau de la taille.

Notre société « speedée », où le temps nous est compté, où les stress se multiplient indéfiniment, ne peut s'adapter aux rituels, aux rythmes de préparation, les longues attentes, les phases de silence et de méditation, les respirations profondes qui en constituent le préambule en Asie.

Mais de tout cela nous pouvons tirer la leçon, réussir à harmoniser le corps et l'esprit dans une approche différente, globale des problèmes.

C'est ce que je vous transmets dans le chapitre 4 : « Agir pour maigrir là où vous voulez ».

Des mots pour comprendre

ORIENT	OCCIDENT
Zen	Philosophie orientale basée sur la respiration, la concentration et la méditation
Yin	Féminin, doux, immobile, sombre, humide, froid
Yang	Masculin, dur, actif, lumineux, sec, chaud
Hara	Le ventre
Tan-den	Le centre de gravité
Ki ou Tchi	L'énergie
Kyo	Le manque d'énergie
Jitsu	Le trop-plein d'énergie
Aura	Champ d'énergie autour du corps
Chakras	Zones d'entrée de l'énergie
Tsubos	Les points d'acupuncture
Shia-tsu	Thérapie manuelle par pression des doigts sur les points d'acupuncture
Shia-tsu du hara ou Ampuku	Thérapie manuelle par pression des doigts sur le ventre
Moxas	Technique d'acupuncture avec un produit végétal (l'armoise) chauffé
Jing	La teneur énergétique d'un aliment

AIDE-MÉMOIRE

Imprégnez-vous de la sagesse orientale

En accord avec les lois de la nature

- ✔ Le yin et le yang, principes opposés, complémentaires et indissociables.
- ✔ Les méridiens.
- ✔ Le tchi ou l'énergie primordiale.

Les leçons de l'Orient

- ✔ Les limites des thérapies occidentales.

Au-delà de la médecine traditionnelle

- ✔ Les gros de l'an 2000.

Priorité à l'harmonie

- ✔ Les rescapés du hata-yoga, du zen et des arts martiaux.

Des mots pour comprendre

Tous les profits que vous pouvez tirer des disciplines orientales, interprétées dans le sens de l'amaigrissement ponctuel.

CHAPITRE 4

AGIR POUR MAIGRIR LÀ OÙ VOUS VOULEZ

Il est temps de passer à l'action ciblée, maigrir là où vous voulez. Mieux installé(e) à l'intérieur de vous-même, débarrassé(e) des idées fausses, des pensées négatives, détendu(e) par la respiration, concentré(e) grâce à la méditation, vous avez appris à rassembler vos énergies physique et mentale.

Vous allez maintenant apprendre à pratiquer des auto-massages et mouvements de gym énergétique pour diriger calmement vos énergies sur l'endroit où vous voulez maigrir. Vous sélectionnerez dans le « Guide minceur » (p. 118) la partie de votre corps que vous souhaitez modeler et vous serez étonné(e) de la rapidité du résultat.

L'auto-massage

L'auto-massage est une technique manuelle que chacun peut pratiquer sur l'ensemble de son corps. Une technique vieille comme le monde, dont les effets sont multiples et vous étonneront.

Dans *Plus jamais mal au dos* (Fixot), je conseille des auto-massages des régions lombaires et cervicales, et des pieds. Plusieurs patients qui souffraient de torticolis, de lombalgies chroniques ou de sciatiques, ont réglé définitivement leur problème grâce à ces auto-massages. Cela m'a conduit à les développer dans le cadre de ma méthode pour maigrir là où vous voulez : l'auto-massage libère et régularise immédiatement les énergies, il détend, décongestionne, stimule et fortifie tous les systèmes, glandes et organes. Le traitement des points d'acupuncture ou tsubos ouvre le chemin de l'énergie. Certains s'étonneront qu'en traitant un point éloigné d'un organe ou d'un système, on améliore son fonctionnement et pourtant, cela se justifie par la stimulation nerveuse du point qui provoque la production d'endorphines (hormones du bien-être) qui régule le tchi dans tout l'organisme.

Les auto-massages complètent et prolongent les effets des exercices respiratoires, de concentration, de méditation, basés sur le respect des rythmes de vie et une alimentation équilibrée. Ils sont efficaces pour prévenir les maladies et guérir les troubles fonctionnels.

Les méridiens et les chakras

Pour mettre au point les auto-massages, je me suis inspiré des massages chinois, du shia-tsu et de l'acupuncture. Les doigts, pour moi, et c'est aussi l'avis de certains médecins chinois, sont dans de nombreux cas, plus efficaces que les aiguilles : ils permettent de profiter du magnétisme que chacun possède en soi. Et, avec les doigts, on couvre plus facilement la zone à traiter, alors que l'implantation des aiguilles, plus délicate, exige une grande dextérité, que très peu de praticiens possèdent. Selon la médecine chinoise, nos organes sont prolongés par des nerfs dans lesquels circulent des courants énergétiques : les méridiens. Il existe douze méridiens principaux pairs et symétriques et deux méridiens centraux situés dans l'axe du corps sur les faces antérieure et postérieure (voir croquis des méridiens, pp. 89, 90). **Chaque organe est relié à un méridien, dont le tracé est particulier.**

P – LE MÉRIDIEN DES POUMONS

Débute sous la clavicule, longe le bras et l'avant-bras jusqu'à l'extrémité du pouce.

GI – LE MÉRIDIEN DU GROS INTESTIN

Débute à l'extrémité de l'index, longe la face externe de l'avant-bras, du bras, de l'épaule, du cou, jusqu'au visage, le long de la lèvre supérieure jusqu'à l'aile du nez.

E – LE MÉRIDIEN DE L'ESTOMAC

Débute au coin de l'œil (bord externe), longe le visage, le cou, le thorax, la jambe sur la face antérieure du corps jusqu'à l'extrémité du deuxième orteil.

RTE – LE MÉRIDIEN DE LA RATE ET DU PANCRÉAS

Débute sur le gros orteil, remonte la jambe sur la face interne, l'abdomen, la partie externe du thorax jusqu'au-dessous du bras.

C – LE MÉRIDIEN DU CŒUR

Débute à l'aisselle, longe la face interne du bras jusqu'à l'extrémité du petit doigt.

IG – Le méridien de l'intestin grêle

Débute à l'extrémité du petit doigt, longe la face postérieure du bras, l'épaule, le cou, le visage, jusqu'à l'oreille.

V – Le méridien de la vessie

Débute au coin de l'œil (bord interne), remonte le front, le crâne, descend dans la nuque, se sépare en deux branches qui longent la face postérieure du dos et de la cuisse, se rejoignent au creux poplité, descend la jambe jusqu'au cinquième orteil.

Rn – Le méridien des reins

Débute sur la plante du pied, longe la cheville, la jambe et la cuisse (sur la face interne), l'abdomen et le thorax (face antérieure) jusqu'au creux sous-claviculaire.

MC – Le méridien du maître du cœur

Débute sur le thorax au niveau de l'aisselle, longe le bras (face antérieure) jusqu'à l'extrémité du majeur.

TR – Le méridien du triple réchauffeur

Débute à l'extrémité de l'annulaire, longe le bras (face postérieure), l'épaule, le cou, contourne l'oreille jusqu'à l'angle externe de l'œil.

VB – Le méridien de la vésicule biliaire

Débute au coin de l'œil (angle externe), zigzague sur la face latérale du crâne, le cou, le haut du dos, le flanc, longe la jambe (face externe) jusqu'au quatrième orteil.

F – Le méridien du foie

Débute à l'extrémité du gros orteil, longe la jambe et la cuisse (face antéro-interne), contourne les organes génitaux, longe l'abdomen jusqu'aux dernières côtes basses.

VG – VAISSEAU GOUVERNEUR (ÉNERGIE YANG)
Débute à l'extrémité du coccyx, longe la ligne médiane postérieure du corps : fesses, dos, nuque, crâne et le visage jusqu'à la lèvre supérieure.

VC – VAISSEAU CONCEPTION (ÉNERGIE YIN)
Débute sous le pubis, longe la ligne médiane antérieure du corps : abdomen, thorax, gorge, visage, jusqu'à la lèvre inférieure.

Trajets des méridiens

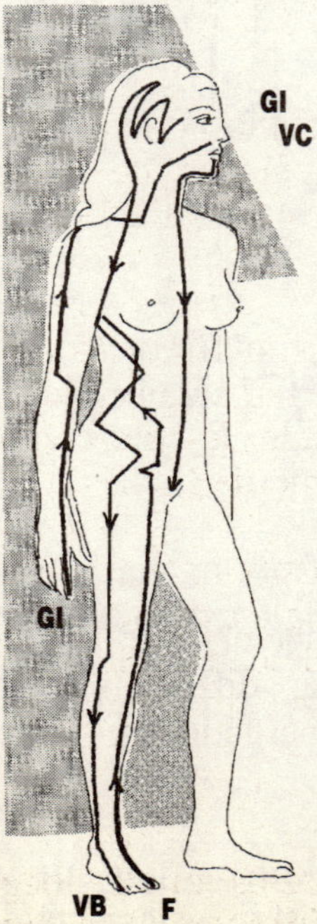

P : *Poumons*
GI : *Gros intestin*
E : *Estomac*
Rte : *Rate, pancréas*
C : *Cœur*
IG : *Intestin grêle*
V : *Vessie*
Rn : *Reins*
MC : *Maître cœur*
TR : *Triple réchauffeur*
VB : *Vésicule biliaire*
F : *Foie*
VG : *Vaisseau gouverneur*
VC : *Vaisseau conception*

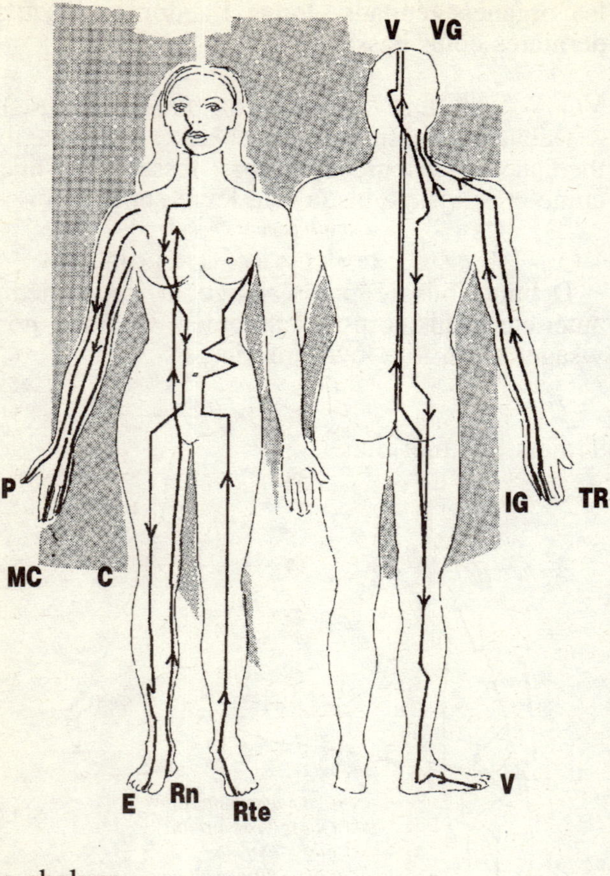

Les chakras

Je pense comme les acupuncteurs que l'énergie pénètre ou sort du corps par différents points, centres de rayonnement énergétiques appelés chakras.

Il y a sept principaux chakras, situés sur une ligne allant du sommet de la tête au coccyx. Les

Les sept principaux chakras

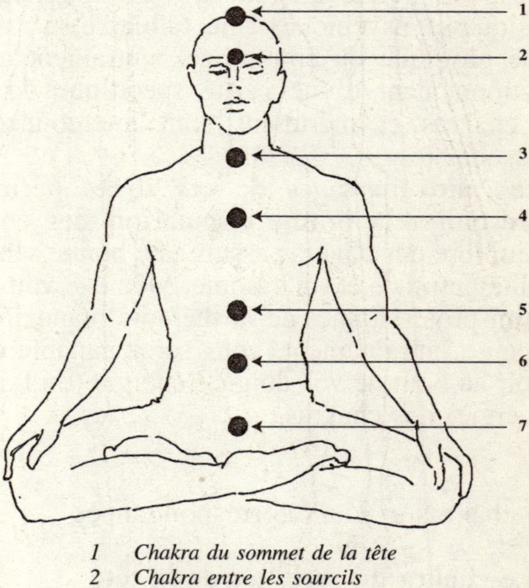

1 Chakra du sommet de la tête
2 Chakra entre les sourcils
3 Chakra de la gorge
4 Chakra du cœur
5 Chakra du plexus solaire
6 Hara
7 Chakra du sacrum

autres sont répartis aux extrémités du corps, au centre de la plante des pieds, au centre de la paume des mains, et à chaque articulation, carrefour d'énergie : genou, cheville, hanche, coude, poignet, épaule et le long de la colonne vertébrale. (Vous les retrouverez dans les auto-massages de chaque partie du corps.)

Ils servent de relais à l'énergie vitale. Chacun correspond à une glande et régit notre équilibre physique et psychique. Une faiblesse, un traumatisme physique ou émotionnel, entraînent un dysfonctionnement d'une partie spécifique du corps, car chakras et méridiens sont interconnectés et indissociables.

Les auto-massages de ces zones permettent de restaurer la bonne circulation des énergies. L'équilibre des chakras assure une bonne santé, une vitalité optimale et l'harmonie. Même si vous n'êtes pas un professionnel de la thérapie manuelle, avec un peu d'entraînement, vous serez capable de percevoir au bout de vos doigts l'énergie (ou l'absence d'énergie) des chakras.

Les chakras et leurs correspondances

1) Le chakra du sommet de la tête

Glande	pinéale
Physique	crâne – cortex cérébral
Psychique	activité subconsciente et spirituelle

2) Le chakra entre les sourcils

Glande	hypophyse
Physique	système nerveux – visage
Psychique	intellect – intuition – clairvoyance

3) Le chakra de la gorge

Glande	thyroïde
Physique	système respiratoire – voix : bouche, gorge... vertèbres cervicales – membres supérieurs
Psychique	expression de soi – réceptivité

4) Le chakra du cœur

Glande	thymus
Physique	cœur – vertèbres dorsales – poitrine – systèmes circulatoire et pulmonaire
Psychique	compassion – amour

5) Le chakra du plexus solaire

Glande	pancréas
Physique	vertèbres lombaires – système nerveux estomac – foie – vésicule biliaire diaphragme
Psychique	énergie – émotion – désir

6) Le hara

Glande	gonades
Physique	vertèbres lombaires – sacrum organes génitaux
Psychique	vitalité – sexualité – mouvement équilibre

7) Le chakra du sacrum

Glande	surrénales
Physique	coccyx – reins – organes génitaux
Psychique	survie – devenir

L'énergie du corps circule par les méridiens selon un rythme journalier : en vingt-quatre heures, on considère que l'énergie a fait le tour complet des organes. On considère aussi que l'énergie reste concentrée au maximum dans chaque organe pendant deux heures. Pendant la digestion, le cheminement du bol alimentaire fait que l'énergie se répartit différemment suivant ses étapes.

Une merveilleuse thérapie manuelle

L'auto-massage est le moyen d'intervenir vous-même sur votre corps pour :

- Rassembler vos énergies, activer leur circulation et mieux les répartir.
- Détendre votre système nerveux central.
- Stimuler et fortifier organes, glandes et systèmes.
- Favoriser la circulation veineuse et lymphatique pour chasser les excès de graisse et la cellulite.
- Dénouer les contractions musculaires et assouplir les raideurs articulaires.
- Harmoniser corps et esprit, développer sensibilité et concentration.

L'auto-massage intervient aussi sur l'esprit car chaque organe stimulé active une fonction mentale.

Par exemple, en traitant :

✔ **Le méridien des poumons :**
on agit sur le cerveau.

✔ **Le méridien de l'estomac :**
on favorise le travail intellectuel et la concentration.

✔ **Le méridien du gros intestin :**
on augmente la résistance aux émotions.

✔ **Le méridien de la rate :**
on combat fatigue et dépression.

✔ **Le méridien de l'intestin grêle :**
on stimule l'énergie positive, stabilisant le système nerveux central.

✔ **Le méridien du cœur :**
on combat l'anxiété, on canalise ses émotions.

✔ **Le méridien du foie et vésicule biliaire :**
on chasse l'anxiété et la dépression.

L'auto-massage réveille dans l'inconscient des sensations de la prime enfance ; c'est une merveilleuse thérapie manuelle qui permet à chacun de mieux connaître son corps, de l'aimer et de le respecter.

En détectant des points douloureux, on met en évidence une dysfonction d'un organe ou d'un système qu'on traite ensuite par pression, vibration, afin de faire disparaître la douleur. Les organes sont fortifiés, activés, on favorise la détente, la concentration.

Si on a besoin de maigrir, on maigrit.

Autre bienfait de l'auto-massage : l'utilisation des mains attire le sang dans les doigts, décongestionnant ainsi les autres parties du corps, et apportant une sensation de calme, de bien-être physique et psychique.

Quand ?

Je recommande les auto-massages le matin à jeun (pour réveiller les énergies), mais on peut les pratiquer à tout autre moment de la journée. Évitez simplement les deux heures qui suivent un repas. Si vous décidez d'enchaîner auto-massages et gym énergétique (voir page 127), commencez par les auto-massages en raison de leur pouvoir de détente et d'assouplissement.

Où ?

Le meilleur endroit est chez vous, éventuellement sous la douche ou dans le bain, ou en pleine nature, au calme. Mais vous pouvez aussi pratiquer ces séances d'auto-massage au bureau, ou avant de passer à table.

Combien de temps ?

Comme pour tous les exercices de ma méthode, je conseille des séances courtes de trois minutes maximum, une ou deux fois par jour, suffisantes pour affiner la partie du corps choisie. En Orient, certaines séances d'auto-massage, qui obéissent à tout un rituel, durent plusieurs heures et s'accompagnent d'exercices de méditation et de concentration.

Comment pratiquer les auto-massages ?

Il y a plusieurs façons de pratiquer les auto-massages (voir les manœuvres page 100). Dans tous les cas, les ongles doivent être courts pour permettre à la pulpe des doigts de traiter les points sans les irriter. Sur l'extrémité des doigts, terminaisons des méridiens, il existe des zones d'hyper-sensibilité, véritables radars. Quand vous aurez acquis de l'expérience, vos doigts pourront vous renseigner sur d'éventuelles dysfonctions.

Position des doigts

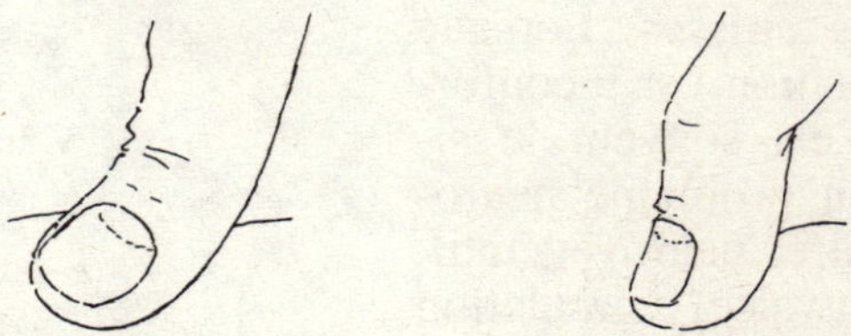

Bonne *Mauvaise*

Pratiquez les auto-massages mains et avant-bras nus. Bagues, bracelets ou montre attirent les énergies vers eux à votre détriment.

Ne commettez pas l'erreur de porter au bout des doigts des sortes de dés prévus pour l'auto-massage. Ils font barrage au passage de l'énergie.

Pour les mêmes raisons, portez des vêtements confortables sans ceinture serrée.

Avant une séance ou si vous êtes stressé, angoissé, émotif, massez vos mains quelques minutes. Dans la vie de tous les jours, vous avez sûrement déjà vu des personnes se frotter machinalement les mains pour rassembler leurs énergies, concrétiser une affaire, se redonner du courage ou stimuler leur volonté. Les Orientaux manipulent des boules de buis, les musulmans des chapelets, les Japonais de petites cordelettes...

Massez vos mains dans tous les sens afin d'assouplir les articulations des doigts, des paumes et des poignets. Faites des oppositions doigts contre doigts, paume contre paume. N'oubliez pas que les terminaisons nerveuses des mains (comme celles des pieds) sont reliées au cerveau.

Pratiquez l'auto-massage sans crème, huile ou talc. Rien ne vaut le contact direct de la main sur la peau.

Asseyez-vous à la japonaise, les jambes repliées sous les cuisses. Lorsque cette position est inconfortable, c'est souvent le signe d'un problème neuromusculaire, neurovégétatif, de mauvaise circulation dans les jambes ou d'arthrose des genoux.

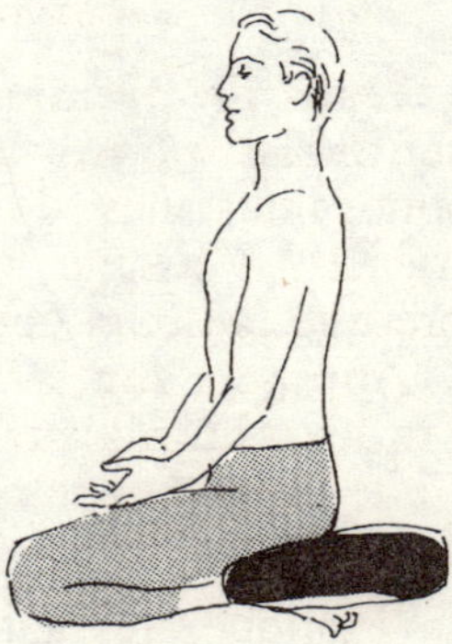

Asseyez-vous en tailleur, dans la position zazen de la méditation. Ou sur une chaise.

Vous devez vous sentir bien et détendu.
Pratiquez ma méthode de respiration-détente : une minute (cinq inspirations de cinq secondes, le palier, cinq expirations de cinq secondes).

Commencez à traiter la partie du corps que vous voulez affiner, modeler, tonifier (« Votre guide minceur », page 118), avec les techniques suivantes.

– LA PRESSION, LA ROTATION, LA VIBRATION –

Durée 1 à 2 minutes

Dans un premier temps, vous allez repérer et sentir les points à traiter. Leurs emplacements sont minuscules, de la taille d'une tête d'aiguille à tricoter. Vous ne les manquerez pas car ils sont presque toujours douloureux et durs.

Appuyez sur la zone à traiter avec le pouce, l'index, le majeur ou la paume de la main. Cette pression peut s'accompagner de vibrations ou de rotations sur place. Si vos points sont douloureux, traitez-les avec beaucoup de douceur pour ne pas déclencher une inflammation qui provoquerait l'inverse du but recherché.

Il vous faudra quelques semaines pour obtenir la complète disparition de la douleur et vous redonner le maximum d'énergie pour maigrir là où vous voulez.

But : la pression calme et tonifie les organes, décontracte les muscles. La pression profonde régénère le système nerveux.

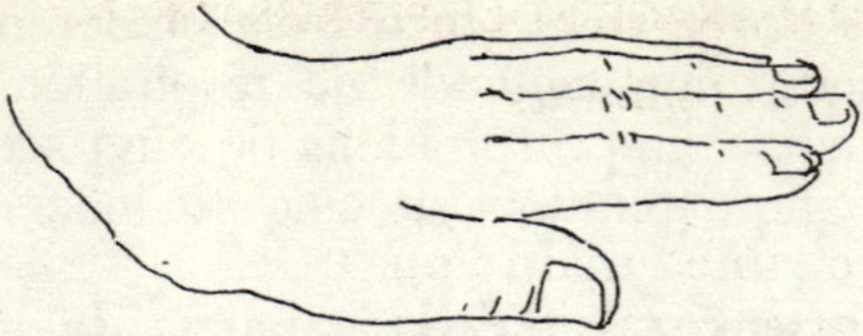

La pression

But : la rotation doit s'effectuer dans le sens des aiguilles d'une montre pour stimuler les énergies, les glandes et les organes.

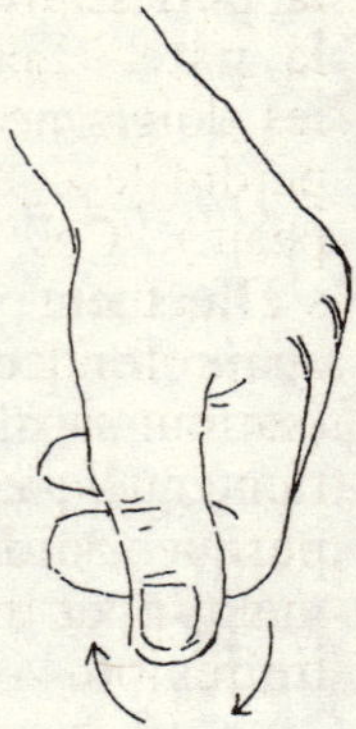

La rotation

But : la vibration favorise la décontraction, l'assouplissement des muscles, la décongestion d'un organe ou d'une glande et régularise la circulation sanguine.

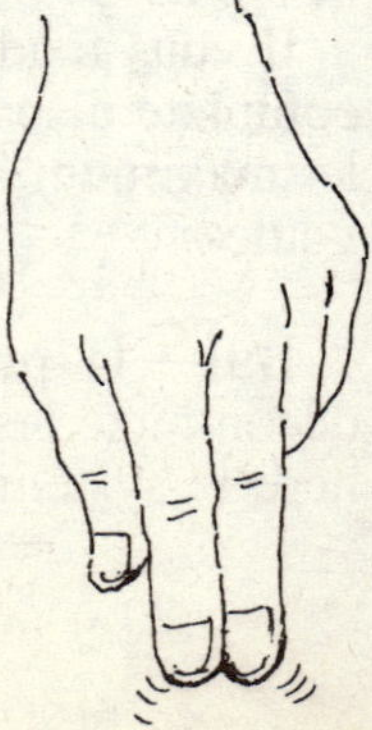

La vibration

– LE MALAXAGE ET LE PÉTRISSAGE –

Durée 1 à 2 minutes

Avec une main ou deux mains, saisissez la peau en enserrant la masse musculaire et en la pétrissant comme de la pâte. (Les paumes et les doigts ne doivent pas perdre le contact avec la peau.) Ces manœuvres s'effectuent lentement, en profondeur, sur place (surtout sans friction) durant quelques secondes, puis vous déplacez vos mains pour traiter une autre région.

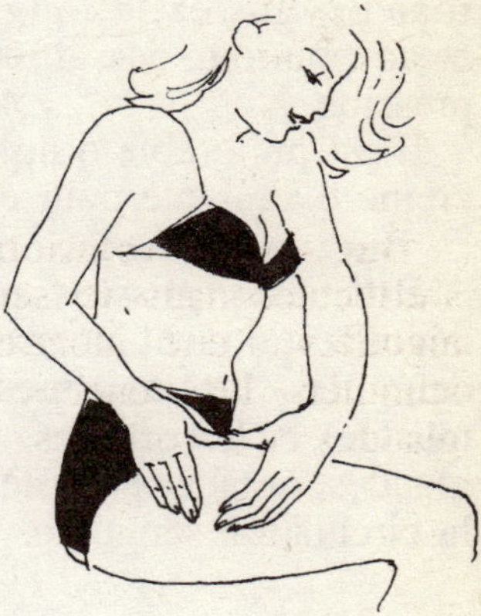

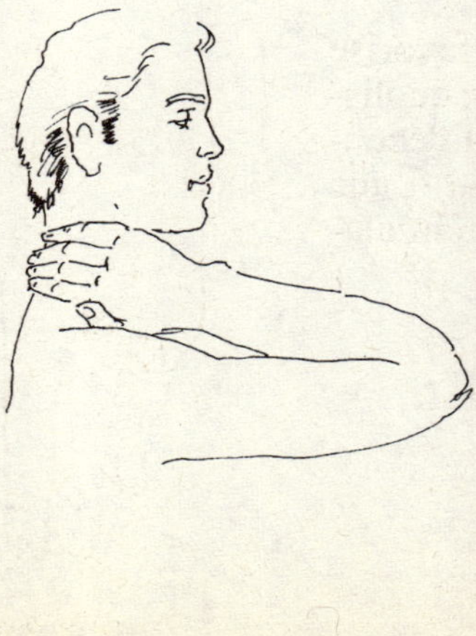

But : le malaxage et le pétrissage améliorent la circulation superficielle et profonde, et la circulation lymphatique. Ils apportent aux muscles une meilleure nutrition, les détendent, les tonifient, assouplissent les articulations. C'est une excellente manœuvre pour chasser les toxines et la cellulite et maigrir.

– LES GLISSÉES PROFONDES –

Durée 1 à 2 minutes

Avec la pulpe du pouce, de l'index et du majeur, glissez le long des groupes musculaires et au pourtour des articulations en appuyant votre pression.

Il est préférable d'utiliser un peu d'huile ou une crème hydratante pour éviter d'irriter la peau.

But : les glissées profondes décontractent et décongestionnent les masses musculaires en profondeur, les fascias (membranes qui entourent le muscle), libèrent les articulations et fortifient glandes, organes et systèmes. Excellent pour activer la circulation sanguine.

– LE PINCÉ-ROULÉ –

Durée 1 à 2 minutes

Prendre la peau entre le pouce, l'index et le majeur et la décoller. Le pli cutané ainsi obtenu ne doit pas dépasser, suivant les endroits de votre corps, un demi-centimètre à un centimètre, et ne pas générer de douleur.

Je vous rappelle que si le pli excède un centimètre et s'il est douloureux, c'est le signe qu'une infiltration cellulitique a envahi le tissu conjonctif ; cela vous renseigne sur la dysfonction du système ou de l'organe concerné et de son déficit d'énergie.

Roulez doucement le pli cutané entre vos doigts pour dissoudre les amas graisseux. Au bout de quelques semaines, ils disparaîtront, comme la douleur.

But : le pincé-roulé élimine l'infiltration cellulitique. Il décongestionne, stimule, fortifie et redonne une santé optimale à vos organes et systèmes, pour maigrir là où vous voulez.

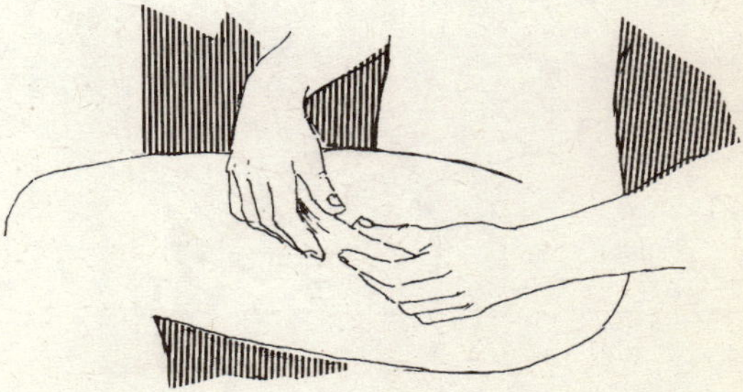

– LES PERCUSSIONS –

Durée 1 à 2 minutes

Elles s'effectuent avec le bout des doigts, le tranchant de la main ou les poings fermés en tapotant ou martelant pour stimuler et fortifier la région à traiter.

But : les percussions sont excellentes pour tonifier la peau, activer la circulation sanguine, décongestionner les muscles et les organes et tout l'organisme en chassant la fatigue et en stimulant l'énergie.

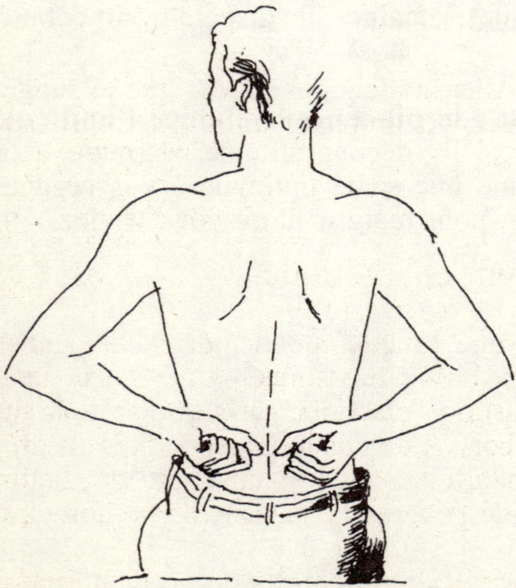

Attention !
L'auto-massage, ce n'est pas :

- ✔ Une source de microtraumatismes (inflammations, ecchymoses, irritations de la peau, allergies).
- ✔ Briser les fibres du tissu conjonctif et les petits vaisseaux sanguins sous-cutanés.
- ✔ Déclencher des douleurs, des tendinites, des courbatures, de la fièvre.
- ✔ S'enduire trop abondamment d'huile parfumée ou de crème, sources éventuelles d'allergies.
- ✔ Aller au-delà des durées que je suggère, dans l'espoir d'obtenir un résultat plus rapide.

La gym énergétique

Comme tout le monde, dans ma jeunesse, j'ai pratiqué la gymnastique « une-deux, une-deux », gymnastique classique ou suédoise toujours enseignée, hélas !, de nos jours à l'école sans préparation ni échauffement, entre un cours de maths et une leçon de géographie et dans de nombreux clubs de sport.

Très vite, j'ai compris que cette forme de gymnastique fondée sur une vision anatomique considérait le corps comme une accumulation de segments musculaires et articulaires indépendants les uns des autres.

Cette gymnastique s'accomplit au prix d'efforts

de volonté excessifs, pratiquement toujours dans l'ennui, et aboutit à une fatigue qui peut avoir de graves conséquences physiques et psychologiques. Jamais le mouvement n'est réellement synchronisé avec la respiration, il ne prend jamais sa source dans l'esprit et surtout il est mal dirigé dans l'espace.

Pour moi cette gymnastique « une-deux, une-deux » est à des années-lumière de l'harmonie corps-esprit que nous recherchons. C'est plutôt une espèce de défoulement anarchique.

L'aérobic, né du mariage médiatique de la gymnastique suédoise et des mœurs de Hollywood, apparut vers 1980, avec son rythme d'enfer, musicalement soutenu ; peu de pratiquants étaient prêts pour un effort aussi intense, et on observa d'innombrables traumatismes, claquages, maux de dos, fatigues générales, descentes d'organes, états dépressifs, et prises de poids immédiates par essoufflement.

Le stretching, gymnastique d'étirement, lancé à peu près à la même époque, me parut plus intelligent car basé sur l'harmonie du mouvement et prenant en compte la respiration. Mais le stretching est trop performant, trop exigeant, demande lui aussi trop de qualités sportives au pratiquant moyen. Pour moi, le stretching reste une bonne méthode – mais difficile.

Ma gym énergétique est née de ces observations ; elle est basée sur la synchronisation du mouvement et de la respiration et sur la mise en tension de tous les groupes musculaires, même antagonistes.

Prenons l'exemple du bras : dans la gymnastique classique, quand vous fléchissez l'avant-bras vers le bras, le groupe musculaire fléchisseur (votre biceps) se contracte ; alors que le groupe musculaire extenseur (votre triceps) se relâche. Donc, en gymnastique classique quand un groupe musculaire se contracte, le groupe opposé ou antagoniste se relâche. Dans ma méthode de gym énergétique, la concentration mentale, l'immobilité physique, le rassemblement des énergies font que lorsqu'un groupe se contracte, le groupe antagoniste présente lui aussi une forte contraction tonique.

Dans l'exemple du bras, ce sont tous les muscles qui travaillent et qui se mobilisent pour un amaigrissement du bras.

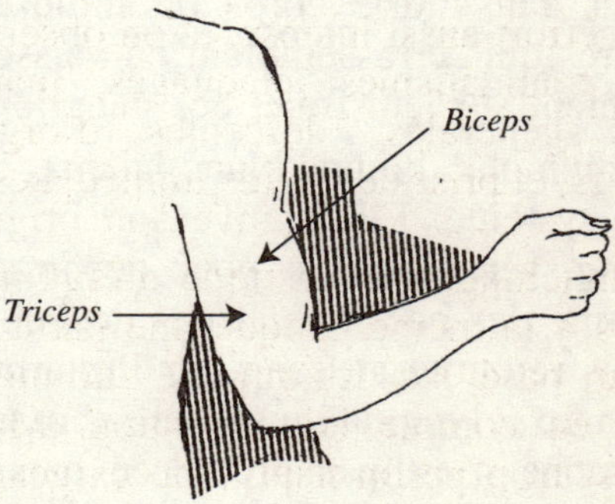

Comment fonctionne votre cœur

Le cœur est au centre de notre système circulatoire. C'est un muscle puissant, une pompe qui doit s'adapter à chaque instant à nos besoins circulatoires.

La circulation du sang permet à notre corps de nourrir nos cellules avec les principes alimentaires et avec l'oxygène. Cet apport s'établit au niveau de l'intestin grêle et des poumons. Puis le sang débarrasse nos cellules des déchets provenant de l'assimilation au niveau des poumons et des reins.

- ✔ ***Les artères*** sont des vaisseaux qui apportent le sang du cœur aux organes avec l'oxygène et les éléments nutritifs (sang artériel).

- ✔ ***Les veines*** sont des vaisseaux qui reconduisent le sang des organes vers le cœur, en passant par les poumons pour le purifier (sang veineux).

- ✔ ***Le système lymphatique*** est constitué partout dans notre corps de minuscules capillaires qui se rassemblent en vaisseaux et présentent sur leur trajet des ganglions.

  La lymphe, liquide blanc laiteux, circule dans ce système. Elle trouve son origine dans le sang, sert de filtre pour débarrasser l'organisme des bactéries et des déchets cellulaires puis retourne au sang par l'intermédiaire des canaux lymphatiques et thoraciques. La lymphe n'est pas propulsée par une pompe comme le cœur. L'auto-massage et la gym énergétique constituent de merveilleux moyens pour améliorer la circulation lymphatique, drainer les tissus et éliminer la cellulite.

Au repos, environ cinq litres de sang passent par le cœur puis effectuent, en un peu plus d'une minute, la révolution complète de notre corps.

En mouvement, lorsque nous pratiquons des exercices physiques, des efforts musculaires, le débit du cœur peut être multiplié par quatre. Vingt litres de sang peuvent passer par le cœur pour un effort violent !

En respirant bien, en dosant son effort, le système cardio-vasculaire va éliminer sans fatigue les toxines de l'organisme à tous les niveaux, évitant ainsi les dépôts de graisse, et la prise de poids.

Comment fonctionnent vos muscles

Nos muscles sont composés :

✔ ***D'eau à 75%.***

✔ ***De matières protéiques à 20%***

- des enzymes ont un rôle métabolique ;
- un pigment ferrugineux qui fixe l'oxygène ;
- des composés azotés (phosphore notamment, qui participent au fonctionnement musculaire et libèrent des molécules d'acides.

✔ ***De lipides,*** localisés dans le tissu conjonctif intramusculaire ou dans la fibre musculaire. Si les corps gras constituent une masse importante, ce sont nos kilos superflus.

✔ ***De glucides*** qui constituent notre réserve en glucose dans les muscles, le glycogène.

✔ ***De substances minérales :*** sodium, potassium et aussi du calcium et du magnésium qui interviennent dans les réactions enzymatiques.

La contraction musculaire met en jeu une longue liste de réactions chimiques. Elle produit des dégradations (principalement celle du glycogène), des réactions azotées et phosphorées qui libèrent de l'énergie.

Au repos, le sang veineux contient moins de glucose que le sang artériel. Même au repos le muscle prélève du glucose dans le sang et peut en mettre en réserve (le glycogène).

Si vous ne pratiquez pas d'activité physique, cette réserve se transforme en graisse : au pourtour des muscles, dans le tissu conjonctif, au niveau de la paroi artérielle (le cholestérol), au niveau du foie...

En mouvement, au cours de la contraction musculaire, les réserves de glycogène s'épuisent (la principale source d'énergie du muscle est le glucose).

- ✔ **Si vous respirez mal dans le mouvement** faute d'entraînement, ou si vous forcez trop, vos muscles, insuffisamment ravitaillés en oxygène, sont mal irrigués et vous fabriquez de l'acide lactique. Il passe directement dans votre système circulatoire et vous fatiguez votre cœur.

- ✔ **Si vous respirez bien dans le mouvement.**

  Vos muscles sont bien ravitaillés en oxygène par le sang, éliminant le risque de dépôt d'acide lactique. Vous brûlez vos réserves graisseuses et maigrissez là où vous voulez.

- ✔ **Si vous respirez bien après le mouvement.**

  Vous respectez un temps de récupération après une activité physique. Vous respirez profondément et la fatigue musculaire disparaît. L'oxygène, en nourrissant vos muscles, chasse l'acide lactique par oxydation, comme si l'oxygène avait le pouvoir de réparer vos muscles.

  Vous retrouvez votre énergie.

Dans ma méthode, le mouvement est toujours contrôlé par l'esprit, soutenu par la concentration, la volonté, le rassemblement des énergies, et en accord avec le rythme respiratoire et le système cardio-vasculaire.

J'ai mis au point des mouvements très précis, faciles à exécuter, épurés au maximum, comme dans certaines disciplines orientales. Aucun mouvement n'est une fin en soi. Vous allez être surpris : votre corps va rester immobile dans la position. C'est ce qu'on appelle un travail d'isométrie. La longueur du muscle ne change pas, alors que l'intensité de l'effort augmente. Dans ma méthode, vous contrôlez constamment la densité de l'effort dans une attitude maîtrisée. La détente psychologique est aussi importante que l'effort lui-même – ce qui rapproche ma méthode des disciplines orientales traditionnellement basées sur l'équilibre du corps et de l'esprit. Cette forme d'effort a pour effet de chasser et de brûler les réserves graisseuses et la cellulite à l'endroit que vous voulez affiner, et de tonifier et fortifier tous les systèmes (nerveux, respiratoire, cardio-vasculaire, neuromusculaire, neurovégétatif, endocrinien, lymphatique).

La gym énergétique est valable à tout âge, de l'enfance au quatrième âge, car on fixe soi-même ses limites. Elle peut être pratiquée n'importe où. Je la conseille le matin et le soir, en deux phases courtes quotidiennes de trois minutes chacune au maximum. Notez que les mouvements de ma méthode prennent toujours leur source dans le ventre, centre de gravité du corps, notre deuxième cerveau, source de force physique et psychologique (le *ki*).

Votre progression sera lente, soutenue, régu-

lière pour aboutir à une meilleure maîtrise, un accord total entre votre corps et votre esprit. C'est alors que vous serez en mesure, presque sans en avoir conscience, de contrôler et de diriger vos énergies, de sculpter votre corps, et de maigrir là où vous voulez.

Quand ?

Les exercices de la gym énergétique peuvent se faire à n'importe quel moment de la journée, sauf après les repas (au cours de la digestion la masse sanguine, appelée vers le système neurovégétatif, fuit les muscles). Pour moi, les deux moments les plus favorables à mes exercices sont : le matin après la douche, tiède ou froide, avant le petit déjeuner, et le soir en rentrant à la maison.

Si vous choisissez d'enchaîner auto-massages et gym énergétique, commencez par les auto-massages pour détendre, puis les exercices pour muscler. Au début, vous ressentirez peut-être ces courtes séances comme une discipline ; très vite, elles deviendront un plaisir.

Où ?

Dans un lieu calme où vous vous sentez bien, en confiance ; une petite pièce, une salle de bains, un bureau, à condition que l'espace soit bien aéré, sans climatisation, avec une température modérée. Bien entendu, vous pouvez pratiquer à l'extérieur, sur une pelouse, à la plage, dans un sous-bois, etc., pour bénéficier d'une bonne oxygénation, des « ions » positifs, des bienfaits de la nature. Prévoyez un petit tapis ou une couverture pliée en quatre pour protéger votre dos et éviter de déclencher des microtraumatismes vertébraux ou articulaires.

Combien de temps ?

Je conseille des séances courtes, trois minutes maximum, deux fois par jour, une le matin une le soir. Mon expérience m'a appris que chez soi, on ne peut se concentrer plus de sept minutes de suite sans créer un mini stress ou une impression d'impatience, ou de lassitude. J'ai préféré raccourcir la durée des exercices, augmenter la concentration et l'intensité. (Je rappelle, à ce propos, que ma « respiration-détente » [page 45] est faite de séquences très courtes, une minute et demie environ, toutes les heures, répétées dix fois dans la journée.)

Mes deux courtes séances de gym énergétique, deux fois dans la journée, régénèrent le système nerveux central, harmonisent esprit et corps et protègent des stress beaucoup plus efficacement que des grandes séances de gymnastique espacées dans la semaine. Et on ne peut plus se réfugier dans la fameuse formule : « Je n'ai pas le temps. » Il est toujours possible, quels que soient le travail que l'on exerce, sa formule d'activité, sa façon de vivre, de trouver dans la journée deux moments libres de trois minutes chacun.

Comment pratiquer la gym énergétique ?

Ne démarrez pas trop vite. Reportez-vous au croquis de la partie du corps qui vous intéresse et suivez le tableau de progression (trois niveaux : débutant, moyen, fort) de chaque exercice.

Commencez par le niveau débutant – même si vous pensez pouvoir mieux faire. Quand vous « tiendrez » facilement trois minutes dans la position débutant, passez dans la catégorie moyen ; de nouveau, attendez de tenir trois minutes pour passer dans la catégorie fort.

Dans chaque catégorie, il est possible qu'au début vous ne puissiez aller jusqu'au bout, que vous ne puissiez pratiquer que trente secondes ou une minute. C'est normal. L'entraînement, le soutien de la concentration et de la respiration vous permettront de progresser rapidement.

Ma gym énergétique a un triple objectif :

- ✔ Fortifier vos systèmes nerveux, cardio-vasculaire, neuromusculaire, articulaire, endocrinien et neurovégétatif.
- ✔ Augmenter votre potentiel d'endurance et de concentration.
- ✔ Et surtout, harmoniser, dans le mouvement, le corps et l'esprit.

Elle vous permettra de transférer votre énergie sur la partie de votre corps que vous désirez affiner.

C'est le principe de la complémentarité (yin-yang) des disciplines orientales :

- ✔ **l'aisance-douceur** obtenue par la respiration-détente ;
- ✔ **la fermeté-solidité** acquise en fortifiant, en modelant la partie du corps visée.

Ma gym énergétique, comme tous les sports d'endurance bien pratiqués, augmente la sécrétion d'endorphines (les fameuses hormones du bien-être) qui régularise le métabolisme.

La séance en quatre temps

1ER TEMPS : SE PRÉPARER

Consacrez une minute minimum à la respiration-détente (cinq inspirations, palier, cinq expirations) pendant laquelle vous allez vous concentrer sur la partie du corps que vous voulez affiner. **Ce n'est pas un exercice de volonté mais une prise de contact en douceur avec le corps, dans le calme et la détente.**

Cette durée d'une minute peut être prolongée si vous en ressentez le besoin, si vous êtes particulièrement nerveux(se), stressé(e), émotif(ve) ; mais elle ne doit jamais être raccourcie.

2E TEMPS : BIEN SE PLACER

Une bonne position du centre de gravité (le **ventre) est essentielle.** Aucun mouvement de nature à vous faire maigrir là où vous voulez, ou à sculpter votre corps, n'est efficace si vous l'accomplissez sans un bon placement de votre centre de gravité. La position optimale doit être conservée pendant tout le mouvement, afin que les énergies puissent être vraiment rassemblées et dirigées vers l'endroit recherché : ce respect du centre de gravité se retrouve dans les disciplines orientales, les arts martiaux, yoga, etc., et dans toutes les grandes disciplines sportives.

C'est sous cette condition que vous allez pouvoir faire travailler en parfaite harmonie tous les muscles et toutes les articulations de votre corps. Vous ne perdrez pas d'énergie, comme, hélas !, dans la plupart des gymnastiques « une-deux, une-deux », où de mauvaises positions induisent de mauvaises musculations, des douleurs, des états de fatigue, et une accumulation des graisses.

3ᴱ TEMPS : PASSER À L'ACTION

Installé(e), immobile, dans la position choisie (en fonction de l'endroit où vous voulez maigrir ou que vous voulez sculpter), inspirez profondément, longuement, calmement, pendant cinq secondes environ.

Ne marquez pas de palier contrairement à la respiration-détente.

Expirez doucement pendant cinq secondes en vous concentrant sur l'endroit que vous voulez affiner, comme si vous vouliez renvoyer l'énergie rassemblée pour l'inspiration sur cette partie du corps.

Durant tout l'exercice, ne relâchez pas la tension musculaire (ce que vous avez tendance à faire, au début, après la deuxième ou troisième inspiration). Au contraire, augmentez l'intensité de la tension, si possible dans la posture, à la limite du supportable. (Aujourd'hui, vous tiendrez trente secondes, demain trente-cinq, après-demain quarante ; ma méthode, je l'ai dit, est progressive.)

Au bout d'un certain temps de pratique, la respiration et le mouvement se confondront ; il sera impossible de déterminer qui commande, le mouvement ou la respiration. Ils seront en parfaite osmose, comme dans la fameuse dualité orientale yin-yang. C'est le but que je recherche.

4ᴱ TEMPS : RÉCUPÉRER

C'est une nouvelle phase de respiration-détente, d'une minute, marquée par cinq inspirations de cinq secondes, un palier de deux secondes, et cinq expirations de cinq à sept secondes. C'est la récupération. **Elle est indispensable après un effort aussi dynamique et aussi concentré. Tout effort appelle une relaxation.**

Les rythmes de l'énergie, nous les trouvons à travers :

✔ **la contraction – relaxation ;**

✔ **l'activité – repos.**

La relaxation permet de relâcher le tonus et les muscles. Pendant cette période certains yogi très expérimentés arrivent même à modifier leur rythme cardiaque et leur tension artérielle. Pas question bien sûr de vous demander de telles performances ; mais, au moins, je puis vous assurer qu'avec ma gym énergétique, vous allez acquérir une grande maîtrise de votre corps et de vos émotions. Et vous maigrirez là où vous voulez.

VOTRE GUIDE MINCEUR

Choisissez la partie de votre corps que vous voulez affiner, remodeler, tonifier et consacrez-lui au moins trois minutes.

Le ventre et la taille
Les hanches et les fesses
Les cuisses et les jambes
La poitrine et le thorax
Les épaules et les bras
Le dos
Les pieds et les mains
Le visage et le cou

Les abdominaux au bureau

Le ventre et la taille

Le ventre est la centrale incontournable de l'amaigrissement.

Quel que soit l'endroit où vous souhaitez maigrir, il vous faudra traiter votre ventre, passage obligatoire. Sans un ventre souple et musclé, en bonne santé, impossible de maigrir de nulle part.

Le ventre est plus qu'une partie du corps, il est le centre de l'énergie, de notre vitalité. En partant du ventre, on peut agir sur tous les méridiens et sur toutes les zones-réflexes correspondant aux organes. (Même les reins et la vessie se relient au centre de gravité, ou tan-den, qui se trouve dans le ventre.)

J'ai, d'instinct, toujours traité le ventre en premier, dans toutes sortes de troubles (mal de dos, insomnie, état dépressif, fatigue, etc.) et particulièrement pour les problèmes de poids.

Les Japonais pensent qu'en soignant le ventre manuellement (c'est la méthode de l'ampuku, shia-tsu du ventre ou hara), ils sont en mesure de prévenir ou de guérir une grande partie des maladies. Je peux vous affirmer qu'en rendant une santé optimale au ventre, en le traitant manuellement, on guérit beaucoup de troubles fonctionnels, on peut prévenir beaucoup de maladies. Je peux certifier aussi qu'en cas de maladie cardio-vasculaire ou neurovégétative, l'association thérapeute manuel-médecin peut faire des miracles. De grands professeurs me le confirment constamment.

En soignant le ventre manuellement – effet secondaire et combien satisfaisant –, je fais toujours maigrir mes patients. Et je les fais maigrir là où ils le veulent. À vous d'agir maintenant en associant respiration, auto-massage, gym énergétique avec une prise alimentaire calme et équilibrée (voir chapitre 5, page 219).

Vous connaissez maintenant l'intérêt de bien placer votre centre de gravité (chapitre 1), vous savez comment utiliser le ventre dans la respiration, et vous avez appris à le placer pour capter l'énergie et vous ressourcer dans la vie quotidienne.

Votre ventre doit être souple et plat. Je vais vous donner les moyens d'arriver au ventre parfait, en traitant par auto-massage l'ensemble de cette région puis les points particuliers correspondant à la colopathie fonctionnelle, l'aérophagie et la constipation.

Ma gym énergétique va vous permettre de fortifier votre sangle abdominale et d'affiner votre taille. La première semaine, votre ventre se dégonflera. La seconde, il deviendra tonique ; il sera musclé la troisième semaine. Cela représente un amincissement de deux à quatre centimètres, un à deux crans de ceinture. Ces améliorations vont très vite apporter une meilleure circulation des énergies, vous constaterez rapidement des phénomènes d'amaigrissement non seulement de la région du ventre, mais également de l'ensemble du corps.

Les auto-massages

Allongez-vous, un coussin sous la nuque ou asseyez-vous sur une chaise ou sur le sol dans la position de la méditation.

Posez vos mains à plat sur votre ventre et sentez ses réactions. Votre respiration est douce et profonde.

Marquez une pause.

Traitez en manœuvres de malaxage et de pétrissage toute la surface de votre ventre pour décongestionner, détendre et fortifier les organes spasmés.

Effectuez le « pincé-roulé » sur les régions du plexus solaire, du foie, de la vésicule biliaire, du duodénum, du pancréas, de la rate et des intestins et sur les flancs depuis les côtes jusqu'à la taille.

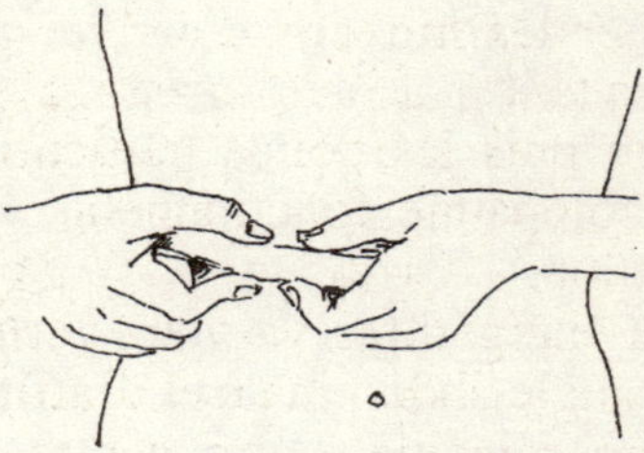

Manœuvre de pincé-roulé

But : Les manœuvres vont vous permettre d'éliminer l'infiltration cellulitique du ventre et, par synergie, de toutes les autres parties du corps. Tout l'appareil neurovégétatif et cardio-vasculaire en bénéficiera.

Massez doucement votre ventre à pleines mains en décrivant un grand cercle dans le sens des aiguilles d'une montre, puis augmentez progressivement la pression de vos mains en décrivant des cercles plus petits.

Assis(e) dans la même position, placez vos mains à plat sur votre bas-ventre, enfoncez vos doigts en profondeur dans une zone située à deux doigts sous le nombril (au niveau de l'aine).

Courbez le dos au maximum, vos avant-bras reposent sur les cuisses.

Dans l'inspiration et l'expiration, faites des manœuvres de pression, vibration et rotation sur

place pour décongestionner vos intestins (excellent pour ceux qui souffrent d'état de constipation).

But : Ces manœuvres procurent un bien-être immédiat, éliminent la fatigue, favorisent le sommeil, et renforcent l'énergie vitale du bas-ventre, fortifient les organes sexuels et les voies urinaires.

Pour les femmes en fortifiant les ovaires, elles vascularisent l'utérus, stoppent les règles douloureuses, les régularisent. C'est un moyen de prévention contre les kystes, les fibromes.

Centre de gravité ou tan-den

Traitez vos troubles neurovégétatifs pour maigrir

– La colopathie fonctionnelle –

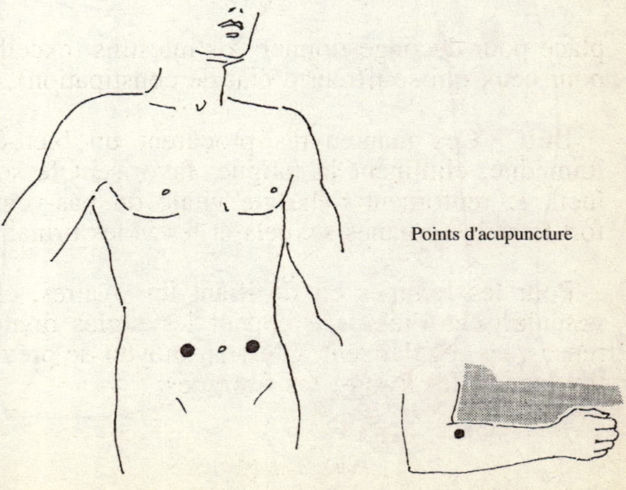

Assis(e), traitez les deux points de la colopathie fonctionnelle (côlon irritable, spasmé) situés sur le ventre avec une manœuvre douce de pression et rotation sur place environ une minute.

Puis traitez le point sur l'avant-bras avec la même manœuvre.

But : Déspasmer les côlons.

Éliminer la fermentation et les ballonnements.

Décongestionner et fortifier le système neurovégétatif.

Régénérer tout l'organisme. Retrouver son énergie.

– La constipation –

Assis(e), traitez les points de la constipation (main, bras et jambe) avec une manœuvre forte de pression et rotation sur place environ deux minutes.

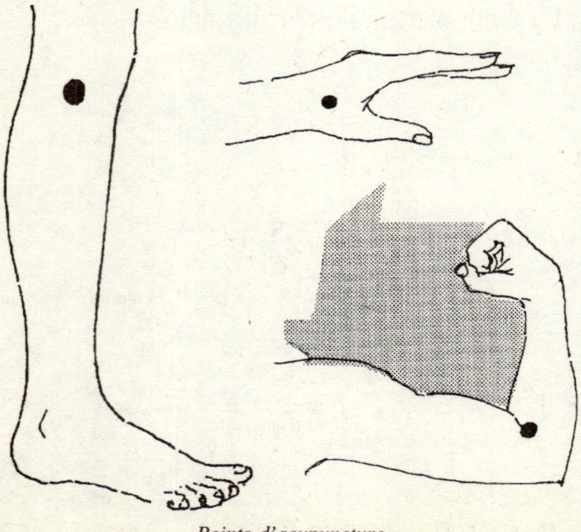

Points d'acupuncture

But : Régulariser et fortifier le système neurovégétatif.

Favoriser l'élimination. Perdre du poids.

– La cellulite –

Assis(e), traitez les trois points de la cellulite du ventre avec une manœuvre douce de pincé-roulé environ deux minutes.

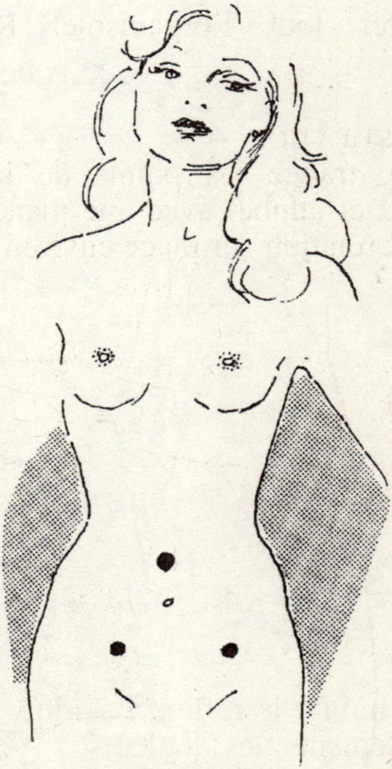

Points d'acupuncture

But : Éliminer la cellulite du ventre.
Fortifier le système neurovégétatif. Maigrir.

– L'AÉROPHAGIE –

Assis(e), traitez le point de l'aérophagie situé sur la face interne de la jambe avec une manœuvre douce de pression et rotation sur place environ une minute et massez la zone de l'estomac avec une manœuvre de pincé-roulé sur toute la surface que vous pouvez saisir.

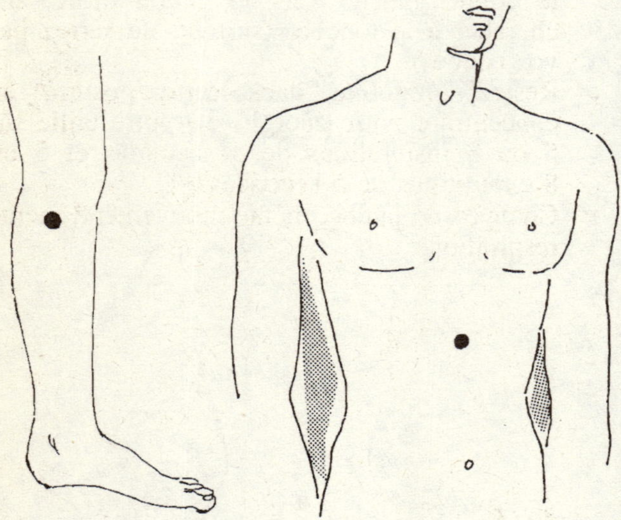

Points d'acupuncture

But : Éliminer le reflux, l'acidité, les spasmes, les gonflements, les douleurs.
Faire disparaître l'anxiété.

La gym énergétique

Débutant

✔ Allongé(e) sur le dos, mains croisées derrière la nuque, coudes écartés, jambe gauche fléchie, cheville droite posée sur le genou gauche.

✔ Soulevez légèrement votre dos pour amener le coude gauche vers le genou droit sans chercher à le toucher (surtout, ne serrez pas vos coudes).

✔ Restez immobile dans cette posture en concentrant votre énergie sur votre taille sur 5 ou 8 inspirations de 5 secondes et 5 ou 8 expirations de 5 secondes.

✔ Changez de jambe, même mouvement, même respiration.

Moyen

- ✔ Faites le même exercice en soulevant un peu plus votre dos et en approchant le coude du genou opposé.
- ✔ Restez immobile dans cette posture en concentrant votre énergie sur votre taille.
- ✔ Même inspiration, même expiration.
- ✔ Changez de jambe, même mouvement, même respiration.

Fort

- ✔ Faites le même exercice. Votre coude gauche doit toucher le genou droit. Les coudes sont bien écartés.
- ✔ Restez immobile dans cette posture, renforcez votre concentration.
- ✔ Même respiration.
- ✔ Changez de jambe, même mouvement, même respiration.

But : Affiner la taille, tonifier les muscles obliques (abdominaux).

Fortifier tous les organes de l'appareil neurovégétatif.

La gym énergétique

Débutant

- ✔ Allongé(e) sur le dos, bras tendus vers l'avant, les épaules souples (ne pas les raidir). 3 Soulevez légèrement votre dos, visage vers vos genoux.
- ✔ Restez immobile dans cette posture en concentrant votre énergie sur votre ventre sur 5 à 15 inspirations de 5 secondes et 5 à 15 expirations de 5 secondes.

Attention ! gardez vos épaules, votre nuque et vos bras détendus.

Moyen

- ✔ Faites le même exercice en montant un peu plus le haut de votre corps et en élevant vos pieds.
- ✔ Restez immobile dans cette posture en concentrant votre énergie sur votre ventre.
- ✔ Même inspiration, même expiration.

Fort

✔ Faites le même exercice avec les jambes tendues en l'air, pointes de pieds flexes (tirées vers vous), le visage vers les genoux, les bras tendus, les épaules souples.
✔ Restez immobile dans cette posture, renforcez votre concentration.
✔ Même respiration.

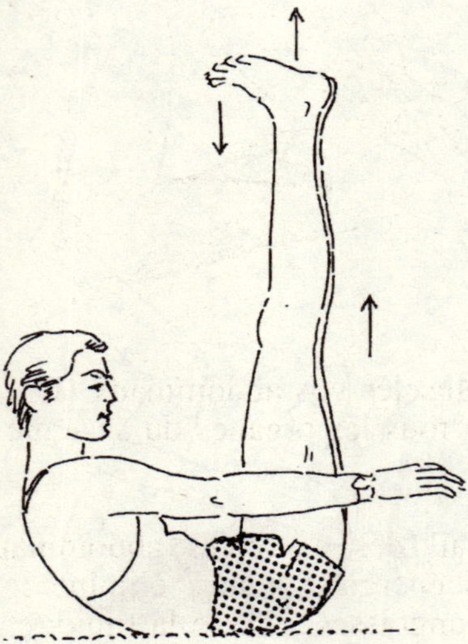

Pour les femmes, cet exercice améliore la circulation lymphatique et chasse la cellulite derrière les cuisses.

Variante

- ✔ Le même exercice pour les trois niveaux peut s'exécuter avec les doigts croisés derrière la nuque détendue.
- ✔ Gardez les coudes très écartés afin de sentir votre tête lourde dans vos mains.

But : Muscler vos abdominaux (le grand droit). Fortifier tous les organes du système neurovégétatif.

Le travail des exercices abdominaux renforce toutes vos énergies vitales, élimine la fatigue, le stress, les angoisses, chasse la timidité.

Son action est immédiate pour vous rendre gai et optimiste.

Attention ! Ne faites pas cet exercice avec la nuque raide et tétanisée, les coudes serrés qui compriment la tête et empêchent une bonne oxygénation.

Les hanches et les fesses

Grossir des hanches et des fesses est toujours l'indication d'un problème de mauvaise élimination. Une fois de plus, c'est votre ventre qui est en cause. Physiologiquement, les femmes sont plus menacées que les hommes pour des raisons hormonales.

En cas de hanches ou de fesses trop grosses, le premier souci doit être de corriger une hyperlordose lombaire éventuelle (reins trop cambrés, voir chapitre 1). Ensuite, éviter la sédentarité (position assise trop prolongée), bouger autant que possible car, par manque d'activité, on aboutit à un blocage du bassin, à des tensions articulaires et ligamentaires, générateurs de problèmes comme jambes raides, jambes lourdes, culotte de cheval (voir page 143).

Les fessiers sont des muscles puissants qui ont constamment besoin d'énergie : les régimes alimentaires ont en général pour conséquence une fonte musculaire des fessiers mais le maintien de la cellulite.

De la bonne musculation des fessiers et des abdominaux dépend la bonne position de toute la structure osseuse ; d'où l'importance de travailler dans la même intensité abdominaux et fessiers – ce que peu de gens font, se limitant en général aux abdominaux.

Les auto-massages de cette région sont très relaxants car ils dénouent les tensions musculaires, rendent la mobilité articulaire des hanches et libèrent les jambes.

La gym énergétique vous donnera des fessiers musclés, toniques, signe, pour moi, d'une bonne santé de l'organisme. Tous les sports, pratiqués modérément sont de bons compléments à ma méthode, particulièrement la marche et la danse, la natation, le vélo.

Les auto-massages

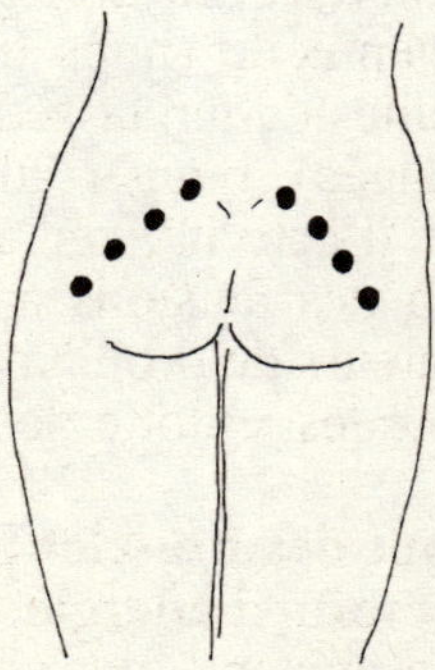

Points d'acupuncture des fessiers

La position peut vous paraître insolite : asseyez-vous sur une chaise, votre poids ne portant que sur une fesse. Autre possibilité : dans un bain chaud auquel vous aurez ajouté deux poignées de gros sel marin.

Pratiquez des manœuvres de pression, de rotation et de vibration sur le pourtour des hanches et des fesses et sur les points d'acupuncture indiqués sur le croquis.

Puis des malaxages doux et en profondeur des fesses, des hanches et du haut des cuisses (face externe).

Et enfin un pincé-roulé de la peau partout où vous pourrez l'atteindre.

But : Rassembler les énergies pour sculpter vos fesses et éliminer la « cellulite ». Détendre le système nerveux, fortifier l'organisme, stimuler la circulation lymphatique et assouplir les articulations des hanches (excellente prévention contre l'arthrose).

La gym énergétique

Débutant

✔ Allongé(e) sur le dos, jambes fléchies, genoux et cuisses serrés, pieds écartés.
Décollez légèrement votre bassin du sol.

✔ Restez immobile dans cette posture en concentrant votre énergie sur vos fesses sur 5 à 15 inspirations de 5 secondes et 5 à 15 expirations de 5 secondes.

✔ Si vous n'arrivez pas à les serrer, glissez un livre entre vos genoux, il doit tenir pendant tout l'exercice.

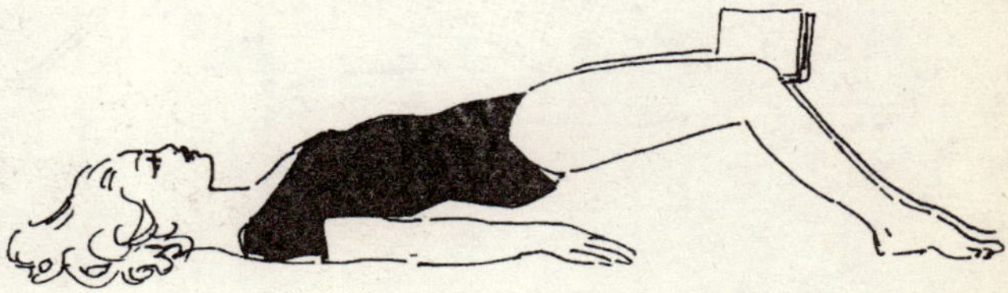

Moyen

✔ Faites le même exercice en soulevant un peu plus votre bassin.
✔ Restez immobile dans cette posture en concentrant votre énergie sur vos fesses et vos genoux serrés.
✔ Même inspiration, même expiration.

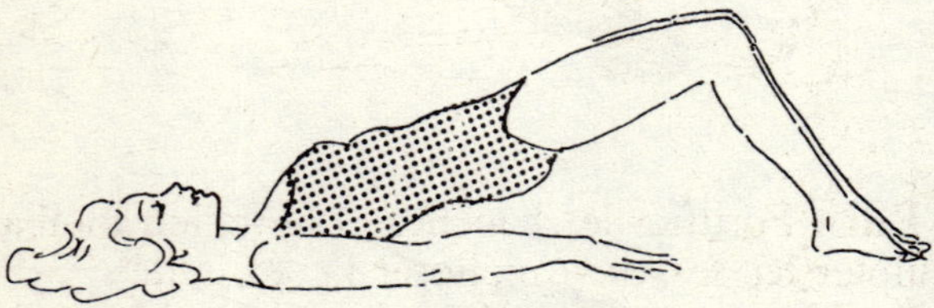

Fort

✔ Faites le même exercice en soulevant votre bassin au maximum.
✔ Restez immobile dans cette posture en concentrant votre énergie sur vos fesses, vos genoux et vos cuisses serrés de plus en plus fort.
✔ Même respiration.

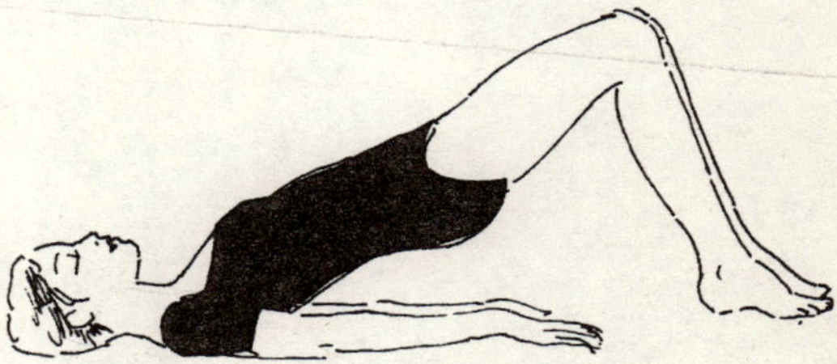

But : Fortifier les hanches et la région lombaire, sculpter les fesses. Améliorer la sexualité.

Pour les femmes, éliminer la cellulite et la culotte de cheval.

La gym énergétique

Débutant

- ✔ Mettez-vous à quatre pattes, levez une jambe tendue en arrière dans le prolongement du dos (plus la jambe est tendue, plus vos fessiers travaillent).
- ✔ Restez immobile dans cette posture en concentrant votre énergie sur vos fesses sur 5 à 8 inspirations de 5 secondes et 5 à 8 expirations de 5 secondes.

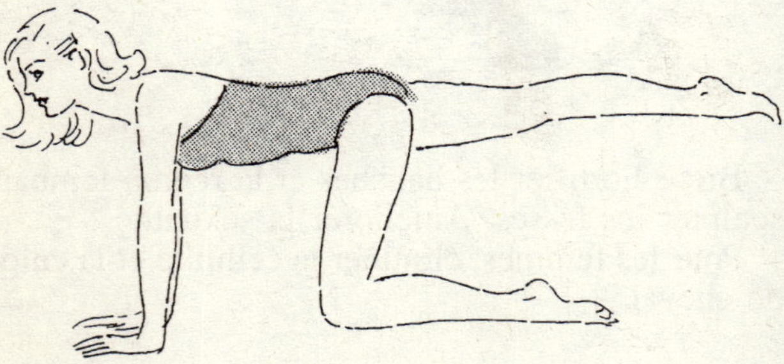

- ✔ Changez de jambe, même mouvement, même respiration.

Moyen

✔ Faites le même exercice en soulevant un peu plus votre jambe qui doit rester tendue, la pointe de pied légèrement tirée vers vous.
✔ Restez immobile dans cette posture en concentrant votre énergie sur vos fesses et votre cuisse.
✔ Même inspiration, même expiration.

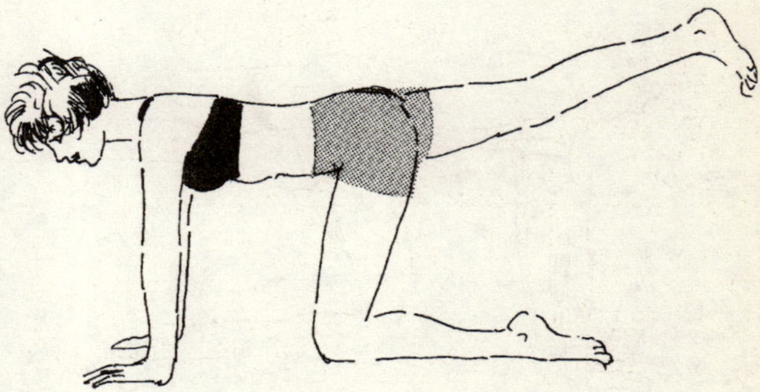

✔ Changez de jambe, même mouvement, même respiration.

Fort

✔ Faites le même exercice en soulevant la jambe le plus haut possible en rentrant le ventre pour protéger votre dos.
✔ Tirez fortement la pointe de pied vers vous.
✔ Restez immobile dans cette posture en concentrant votre énergie sur les fesses, la cuisse, la jambe et le tendon d'Achille.
✔ Même respiration.
✔ Changez de jambe, même mouvement, même respiration.

But : Assouplir les hanches, sculpter les fesses, affiner les cuisses, les jambes et les chevilles.

Activer la circulation lymphatique, éliminer la cellulite.

LES CUISSES ET LES JAMBES

Pour maigrir des cuisses (culotte de cheval) et des jambes (bourrelets autour des genoux, amas cellulitique des chevilles, etc.), les auto-massages et les exercices de gym énergétique que vous trouverez plus loin constituent un ensemble extrêmement efficace.

Il le sera encore plus si vous avez auparavant repositionné et assoupli votre bassin (voir les conseils de la page 134). Et si vous faites régulièrement travailler vos jambes pour activer les circulations veineuse et lymphatique, et pour attirer l'énergie vers les pieds et permettre la circulation de retour. De nombreux méridiens (ceux de l'estomac, de la rate, du pancréas, des reins, de la vésicule biliaire, du foie et de la vessie) longent les jambes.

En traitant les jambes, on contribue indirectement à l'amélioration de la digestion, à la détente physique et mentale, à la bonne circulation des énergies.

En affinant vos jambes, en les musclant, en les assouplissant, vous allez aussi protéger votre dos.

Notez que tous les sports sont bons pour les jambes, particulièrement la marche rapide à grandes enjambées, le vélo, la natation (les battements de jambes), la danse, etc. Je fais une réserve pour le step qui, à mon avis, fait gonfler et durcir les jambes.

Les auto-massages

Debout ou assis(e), une jambe fléchie, ou bien dans votre bain chaud avec deux poignées de gros sel marin.

Faites, à pleines mains, un malaxage et un pétrissage de toute la cuisse.

But : Activer la circulation et chasser l'infiltration cellulitique. Donner souplesse et tonicité à la peau.

Détendre la masse musculaire.

Affiner les cuisses et éliminer la culotte de cheval.

Détendre le système nerveux.

Debout ou assis(e), faites des manœuvres de malaxage et de pétrissage et des vibrations de la

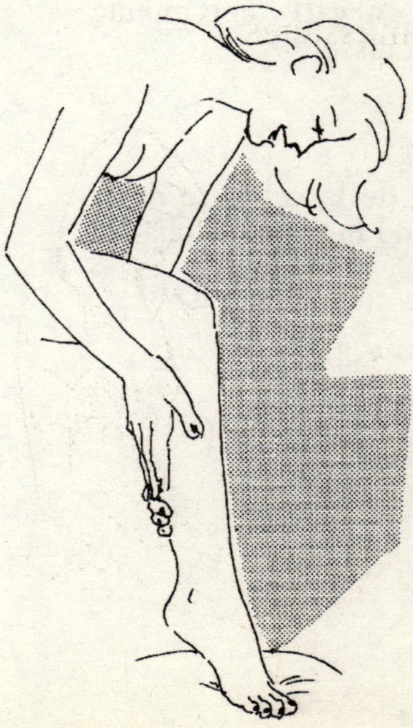

Attention !
Ne massez pas l'arrière des genoux (le creux poplité).

cheville au genou. Puis des pincés-roulés sur toute la surface de la peau que vous pouvez saisir.

But : Améliorer la circulation veineuse et lymphatique. Détendre la masse musculaire (chasser l'acidité).

Éliminer la cellulite. Affiner les chevilles (excellent contre les jambes lourdes et gonflées) et pour lutter contre les crampes et les courbatures.

Traitez les points d'acupuncture avec des manœuvres douces de pincé-roulé.

Le point de la cellulite (culotte de cheval) : une minute sur chaque cuisse.

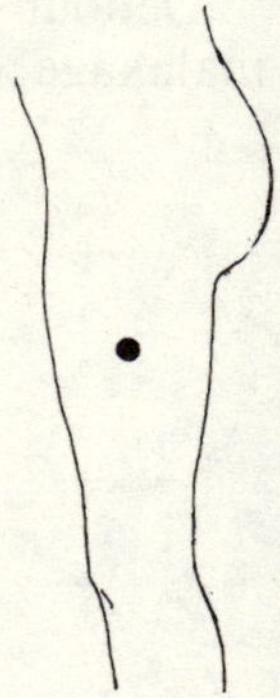

Le point de la cellulite de la cheville : une minute sur chaque cheville.

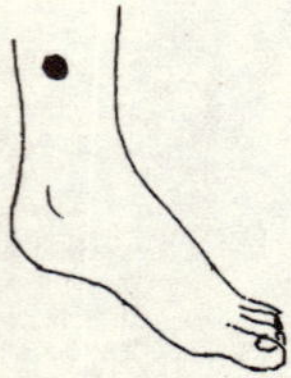

Traitez le point des énergies par pression sur place.

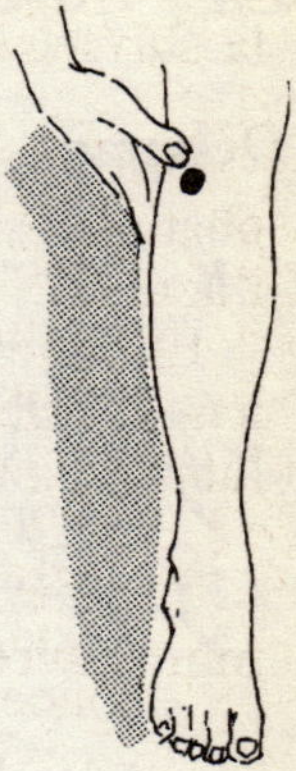

Le point est situé sur la face externe de la jambe, au-dessous de la rotule : une minute sur chaque jambe.

Tous les auto-massages des pieds (voir page 197) sont excellents pour les jambes lourdes.

La gym énergétique

Débutant

- ✔ Debout, jambes écartées, légèrement fléchies, basculez le bassin, pubis vers le haut, bras tendus devant vous à l'horizontale, paumes de mains ouvertes.
- ✔ Arrondissez votre dos comme si vous repoussiez un mur.
- ✔ Restez immobile dans cette posture en concentrant votre énergie sur vos cuisses et vos jambes sur 5 à 15 inspirations de 5 secondes et 5 à 15 expirations de 5 secondes.

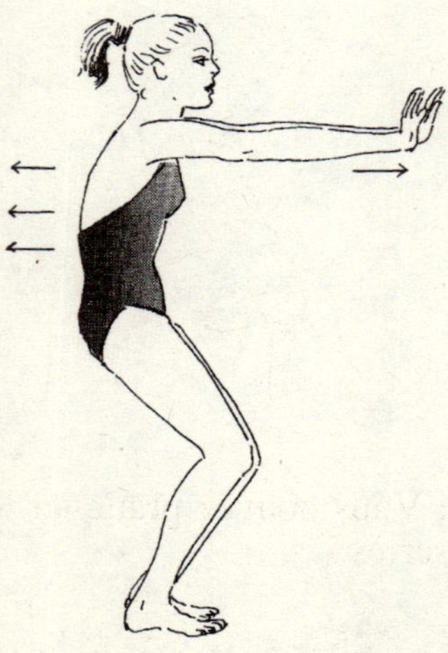

Moyen

- ✔ Faites le même exercice en fléchissant un peu plus vos jambes, mains flexes (doigts tirés vers vous).
- ✔ Laissez tomber la tête entre vos bras tendus et arrondissez un peu plus votre dos.
- ✔ Restez immobile dans cette posture en concentrant votre énergie sur vos cuisses et vos jambes.
- ✔ Même inspiration, même expiration.

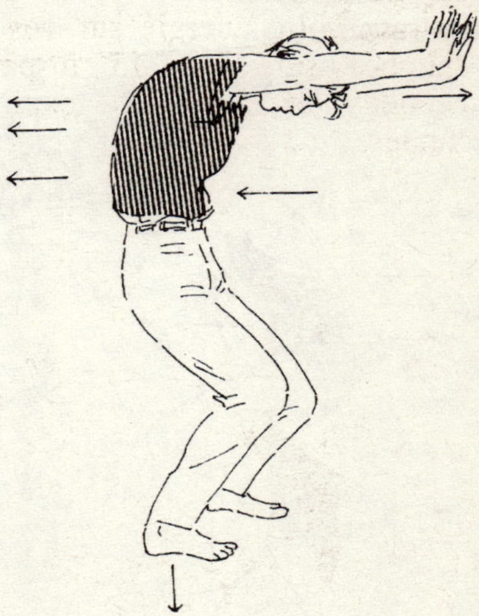

Variante : Vous pouvez pratiquer le même exercice poings serrés.

Fort

- ✔ Faites le même exercice en descendant encore plus bas sur vos jambes fléchies.
- ✔ Poussez le plus possible votre dos vers l'arrière, vos paumes de mains vers l'avant comme deux forces opposées.
- ✔ **Attention !** La nuque doit rester souple.
- ✔ Imaginez que vos pieds s'enfoncent dans le sol.
- ✔ Restez immobile dans cette posture, renforcez votre concentration.
- ✔ Même respiration.

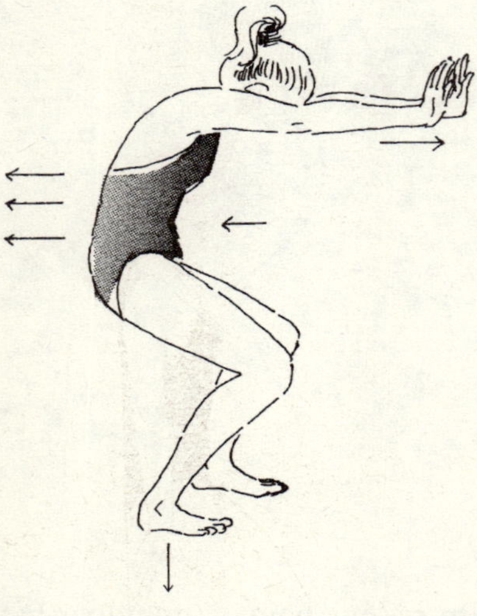

But : Affiner et muscler les cuisses et les jambes.

Assouplir et tonifier le dos, les épaules, les bras et les poignets.

Fortifier les systèmes cardio-vasculaire, neurovégétatif, neuromusculaire, endocrinien et les chakras.

La gym énergétique

Débutant

✔ Debout, jambes écartées, légèrement fléchies, dos appuyé à un mur, nuque longue, bras souples le long du corps.

✔ Restez immobile dans cette posture en concentrant votre énergie sur vos cuisses et vos jambes sur 5 à 15 inspirations de 5 secondes et 5 à 15 expirations de 5 secondes.

Moyen

- ✔ Faites le même exercice en fléchissant un peu plus vos jambes.
- ✔ Poussez votre dos contre le mur.
- ✔ Restez immobile dans cette posture en concentrant votre énergie sur vos cuisses et vos jambes.
- ✔ Même inspiration, même expiration.

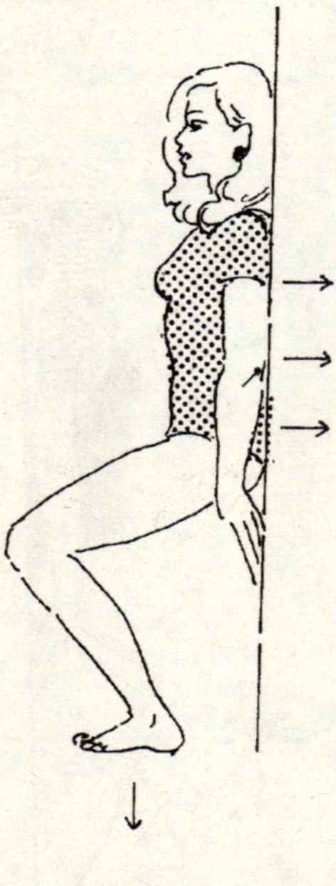

Fort

- ✔ Faites le même exercice en descendant encore plus bas sur vos jambes fléchies.
- ✔ Poussez le plus possible votre dos contre le mur.
- ✔ **Attention !** La nuque doit rester souple.
- ✔ Imaginez que vos pieds s'enfoncent dans le sol.
- ✔ Restez immobile dans cette posture, renforcez votre concentration.
- ✔ Même inspiration, sur l'expiration rentrez votre ventre au maximum.

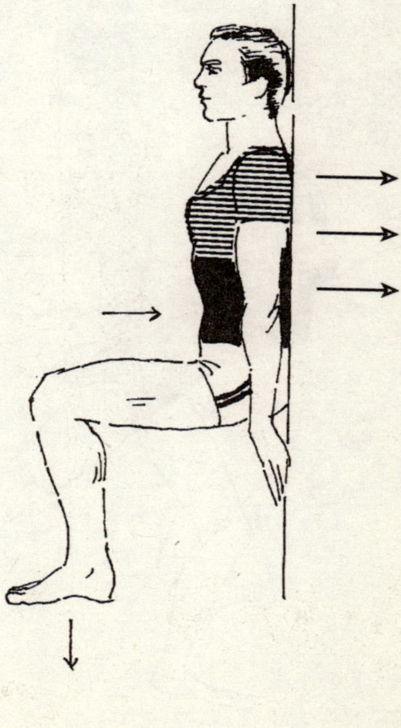

La gym énergétique

Débutant

✔ En équilibre sur la jambe droite fléchie, jambe gauche tendue, pied flexe frôlant le sol, bras à l'horizontale, paumes de mains ouvertes.
✔ Restez immobile dans cette posture en concentrant votre énergie sur la jambe d'appui sur 5 à 8 inspirations de 5 secondes et 5 à 8 expirations de 5 secondes.
✔ Changez de jambe.

Moyen

✔ Faites le même exercice avec la jambe tendue en arrière un peu plus haute. Imaginez que votre jambe d'appui s'enfonce dans le sol, que votre pied gauche pousse une charge vers l'arrière et que vos bras écartent deux murs.

✔ Restez immobile dans cette posture en concentrant votre énergie sur vos jambes.
✔ Même inspiration, même expiration.
✔ Changez de jambe.

Fort

✔ Faites le même exercice avec la jambe tendue en arrière, le dos et la nuque dans le même axe, parallèles au sol.
✔ Restez immobile dans cette posture, renforcez votre concentration.
✔ Même respiration. Changez de jambe.

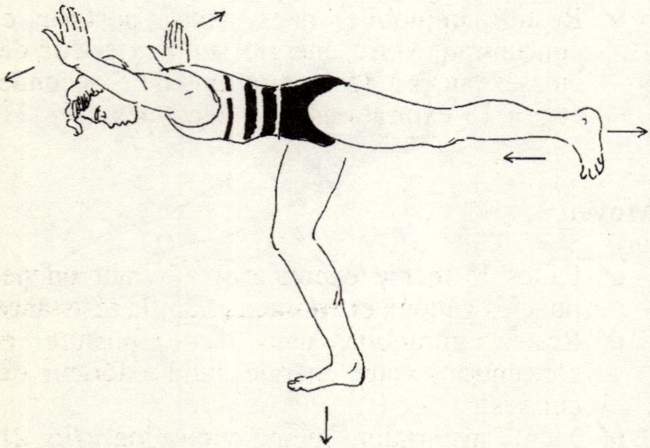

Variante

La jambe d'appui tendue et les poings serrés.

But : Affiner et muscler les jambes, les cuisses, les fesses et le dos. Harmoniser la tête et le corps.

Tous les muscles et articulations du corps travaillent et participent à l'entreprise d'amaigrissement.

Vitalité physique et psychologique sont renforcées.

Ce sont des exercices très puissants : ils font transpirer et donc éliminer rapidement les toxines.

La gym énergétique

Débutant

✔ Assis(e), dos droit, jambes fléchies, les bras à l'extérieur des cuisses, le creux des coudes à la hauteur des genoux.
✔ Ouvrez les genoux contre la résistance des bras qui s'y opposent.
✔ Restez immobile dans cette posture en concentrant votre énergie sur l'extérieur des cuisses sur 5 à 15 inspirations de 5 secondes et 5 à 15 expirations de 5 secondes. *(fig. 1)*

Moyen

✔ Faites le même exercice en ouvrant un peu plus les genoux et en intensifiant la résistance.
✔ Restez immobile dans cette posture en concentrant votre énergie sur l'extérieur des cuisses.
✔ Même inspiration, même expiration. *(fig. 2)*

Fort

✔ Faites le même exercice en ouvrant les genoux et en opposant une forte résistance des bras.
✔ Restez immobile dans cette posture en renforçant votre concentration.
✔ Même respiration. *(fig. 3)*

Fig. 1

Fig. 2

Fig. 3

But : Renforcer les articulations des hanches.

Sculpter les cuisses et éliminer la culotte de cheval.

Muscler les bras et les pectoraux. Fortifier le dos.

La gym énergétique

Débutant

- ✔ Assis(e), dos droit, jambes fléchies, les bras à l'intérieur des cuisses, les coudes à la hauteur des genoux.
- ✔ Fermez les genoux contre la résistance des bras qui s'y opposent.
- ✔ Restez immobile dans cette posture en concentrant votre énergie sur l'intérieur des cuisses sur 5 à 15 inspirations de 5 secondes et 5 à 15 expirations de 5 secondes. *(fig. 1)*

Moyen

- ✔ Faites le même exercice en écartant un peu plus les genoux et en intensifiant la résistance.
- ✔ Restez immobile dans cette posture en concentrant votre énergie sur l'intérieur des cuisses.
- ✔ Même inspiration, même expiration. *(fig. 2)*

Fort

- ✔ Faites le même exercice en écartant les genoux et en opposant une forte résistance des bras.
- ✔ Restez immobile dans cette posture en concentrant votre énergie sur l'intérieur des cuisses.
- ✔ Même respiration. *(fig. 3)*

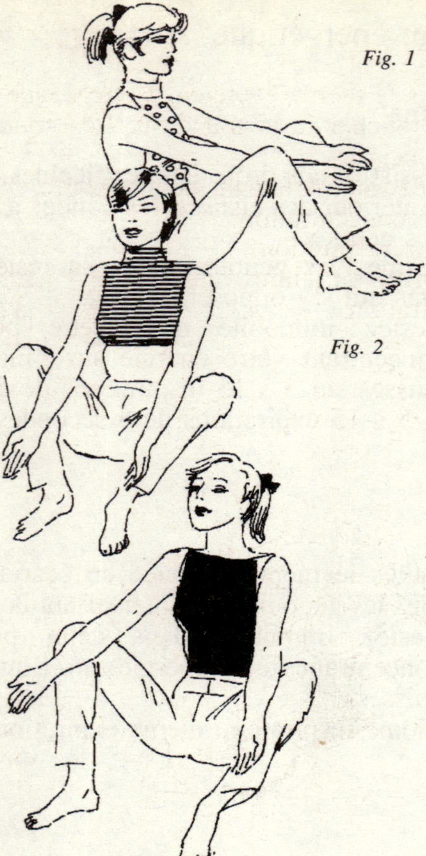

Fig. 1

Fig. 2

Fig. 3

But : Renforcer les articulations des hanches.
Sculpter et muscler l'intérieur des cuisses.
Muscler les bras et les pectoraux. Fortifier le dos.

La gym énergétique

Débutant

- ✔ Allongé(e) sur le côté droit, en appui sur l'avant-bras, soulevez légèrement la jambe droite tendue, pied flexe (pointe de pied tirée vers vous).
- ✔ Gardez la jambe gauche tendue au sol, pied flexe.
- ✔ Restez immobile dans cette posture en concentrant votre énergie sur vos cuisses et vos jambes sur 5 à 8 inspirations de 5 secondes et 5 à 8 expirations de 5 secondes.
- ✔ Changez de côté.

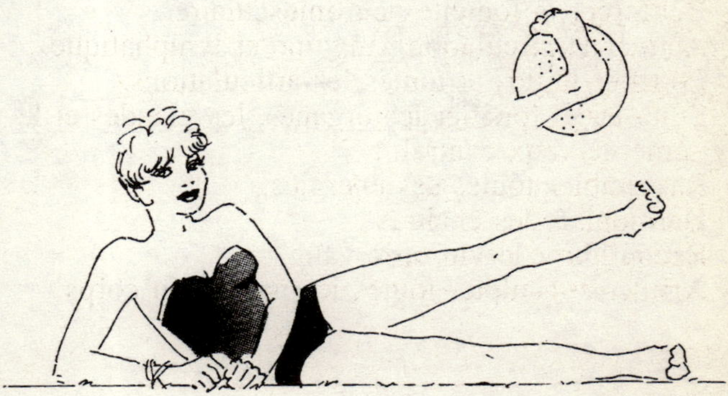

Moyen

- ✔ Faites le même exercice avec la jambe droite tendue un peu plus haut, pied flexe.
- ✔ Restez immobile dans cette posture en concentrant votre énergie sur vos cuisses, vos jambes et vos chevilles.
- ✔ Même inspiration, même expiration.
- ✔ Changez de côté.

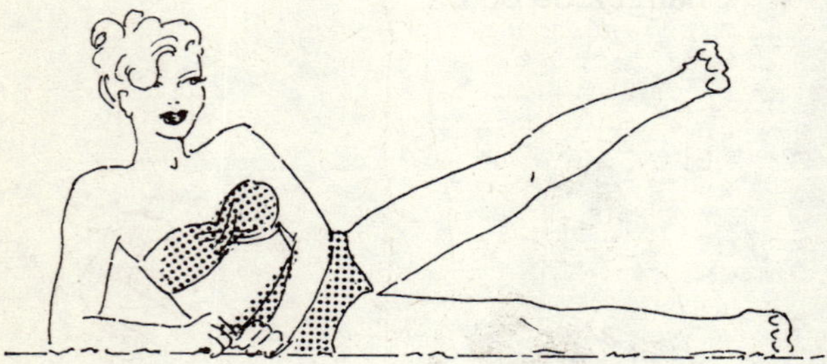

Fort

- ✔ Faites le même exercice avec la jambe droite tendue perpendiculaire à la jambe gauche, pieds flexes.
- ✔ Restez immobile dans cette posture, renforcez votre concentration.
- ✔ Même respiration.
- ✔ Changez de côté.

But : Assouplir les hanches, affiner et muscler les cuisses et les fesses et éliminer la culotte de cheval.

La poitrine et le thorax

Impossible de maigrir de la poitrine sans une cage thoracique bien ouverte et bien positionnée : d'où l'importance de vous tenir droit(e) dans toutes vos activités (assis, debout, en bougeant), d'avoir les épaules déroulées vers l'arrière et les omoplates bien fixées, non saillantes. L'infiltration cellulitique de cette partie du corps s'étend toujours aux épaules et aux bras.

En enlevant les tensions musculaires de toutes les articulations des côtes par les auto-massages, on rend à la cage thoracique son volume optimal.

En rassemblant les énergies respiratoires, en traitant les trois chakras les plus importants, gorge, cœur et plexus solaire, en rétablissant une bonne vascularisation, vous obtiendrez un amaigrissement de la poitrine et du thorax (par auto-massages, gym énergétique).

Pour maigrir et garder une belle poitrine, portez jour et nuit un bon soutien-gorge et douchez vos seins à l'eau froide matin et soir.

Évitez les sports brutaux.

J'ai observé chez mes patients que l'amaigrissement du haut du corps s'accompagnait toujours d'un amaigrissement des membres inférieurs.

Les auto-massages

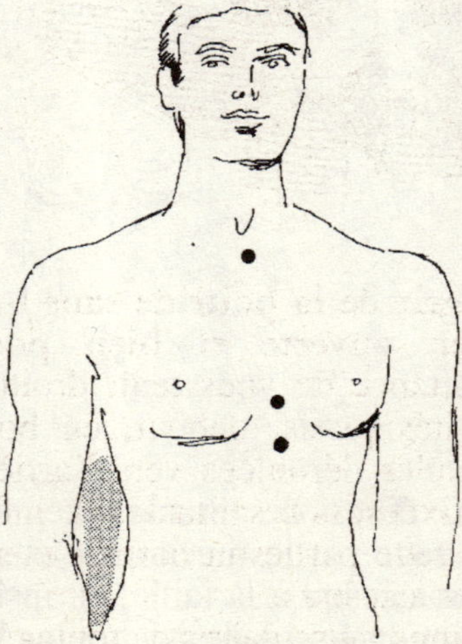

Points d'acupuncture

Pratiquez pression rotation et vibration sur place sur le pourtour du sternum (articulations sterno-costales) de haut en bas, puis entre les côtes.

Insistez sur les points d'acupuncture du croquis.

Ces points correspondent à des plexus d'anxiété, de nervosité..., et aux chakras de la gorge, du cœur et du plexus solaire. Ils sont presque toujours douloureux. Traitez vos points d'acupuncture en douceur.

Vos pressions peuvent s'accompagner de vibrations et de percussions avec le bout des doigts ou avec les poings sur le haut du thorax (au-dessus de la poitrine et entre les seins pour les femmes).

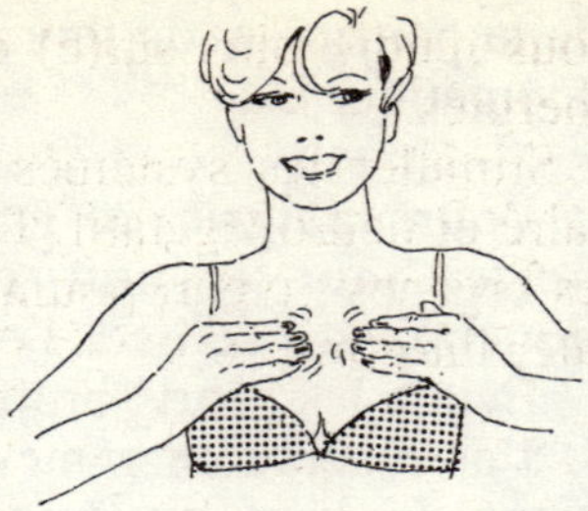

Pour les femmes, finissez par un massage doux, à pleines mains, de la poitrine dans le sens indiqué sur le croquis. Vous pouvez utiliser une huile ou une crème hydratante.

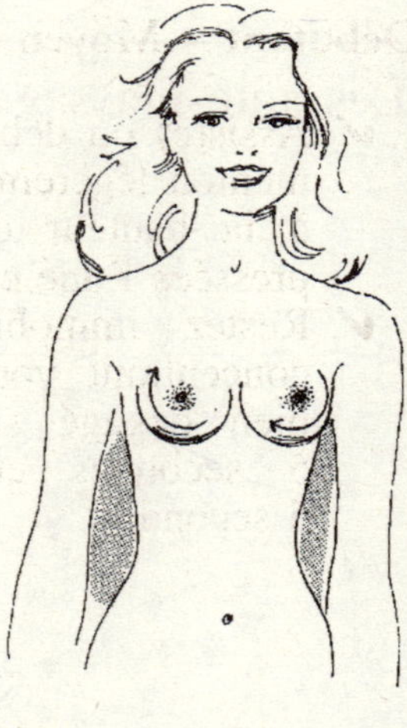

Pour les hommes, faites des manœuvres de pincé-roulé et de pétrissage sur les pectoraux et sur toute la surface du thorax jusqu'à la taille, en insistant sur les côtés (région du foie à droite, région de la rate à gauche).

But : Détendre le système nerveux central, lutter contre l'angoisse, la nervosité, l'émotivité, l'état dépressif, la timidité, la fatigue.

Renforcer vos défenses psychologiques pour

vous rendre plus sûr(e) de vous et rassembler vos énergies.

Stimuler les systèmes cardio-vasculaire, pulmonaire et neurovégétatif. Décongestionner et fortifier les organes : cœur, poumons, foie, vésicule biliaire, rate, intestins.

La gym énergétique

Débutant – Moyen – Fort

- ✔ Assis(e) ou debout, dos droit, nuque longue, menton légèrement rentré, joignez vos mains à la hauteur de la poitrine et gardez-les pressées l'une contre l'autre.
- ✔ Restez immobile dans cette posture en concentrant votre énergie sur votre thorax bien dégagé sur 5 à 15 inspirations de 5 secondes et 5 à 15 expirations de 5 secondes.

Variante

Tous les exercices pour les épaules et les bras sont excellents pour la poitrine (voir page 169).

La gym énergétique

Débutant – Moyen – Fort

✔ Assis(e) ou debout, dos droit, nuque longue, menton légèrement rentré, crochetez vos doigts et tirez sur vos mains comme si vous vouliez les séparer, coudes bien écartés.
✔ Restez immobile dans cette posture en concentrant votre énergie sur votre thorax bien dégagé sur 5 à 15 inspirations de 5 secondes et 5 à 15 expirations de 5 secondes.

But : Tonifier les pectoraux et les bras.
Ouvrir la cage thoracique, rectifier la mauvaise

position des épaules voûtées et du dos rond, et détendre le système nerveux.

Se sentir bien dans sa tête, bien dans son corps.

Les épaules et les bras

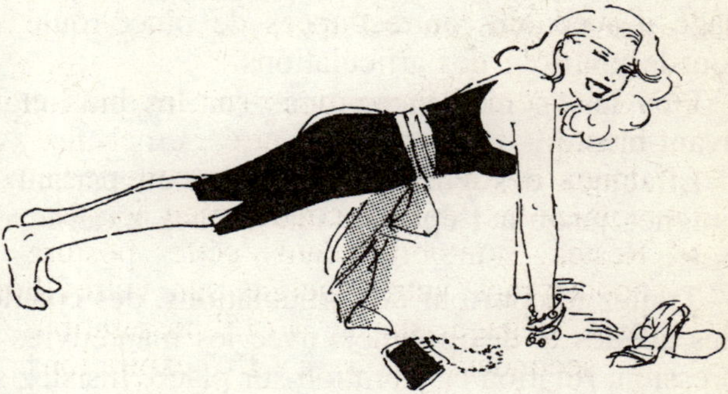

Comme pour la poitrine, vous ne maigrirez pas des épaules et des bras si vous gardez un dos rond, une cage thoracique étriquée, des tensions neuromusculaires dans cette région. Première chose à faire : dérouler vos épaules vers l'arrière et vers le bas, en dégageant la poitrine et en redressant le dos (voir page 188). Sachez qu'un amas graisseux plus prononcé à droite qu'à gauche indique un encrassement et un dysfonctionnement du foie ; à gauche, il est le signe d'une hyperacidité de l'estomac (gastrite). Dans les deux cas, raideur donc obstacle à la circulation des énergies, les bras ne sont plus toniques, affaissement de la peau de la face interne des bras et infiltration cellulitique générale.

Maigrir des épaules et des bras, c'est retrouver la

bonne circulation des énergies, pour une bonne vascularisation, et retrouver la position idéale de votre corps.

Les auto-massages

Faites des manœuvres de malaxage et de pétrissage des épaules entrecoupées de pincé-roulé sur tout le pourtour des articulations.

Puis les mêmes manœuvres sur les bras et les avant-bras.

Effectuez des glissées profondes en partant du poignet jusqu'à l'épaule (sur la face externe des bras).

Traitez le pourtour des articulations, des épaules, des coudes et des poignets avec les manœuvres de pression, rotation et vibration sur place. Insistez sur les points douloureux.

Attention ! Ne massez pas le creux du coude, ni le creux axillaire (l'aisselle).

But :

Assouplir et fortifier les articulations.

Détendre les muscles, chasser l'acidité.

Tonifier les épaules et les bras.

Prévenir les rhumatismes.

Activer la circulation lymphatique et améliorer la circulation sanguine.

Libérer les énergies.

Entrecoupez votre séance d'auto-massage par des exercices de « marionnettes » :

✔ Assis ou debout, bras souples le long du

corps, faites des vibrations des poignets et des bras.

✔ Remontez doucement vos bras puis redescendez-les.

✔ À faire trois fois.

✔ Serrez fortement vos poings sur une inspiration de 5 secondes.

✔ Ouvrez les mains en tirant sur les doigts sur l'expiration.

But :
Débloquer
l'énergie des bras.
Assouplir
les articulations
des coudes
et des poignets.

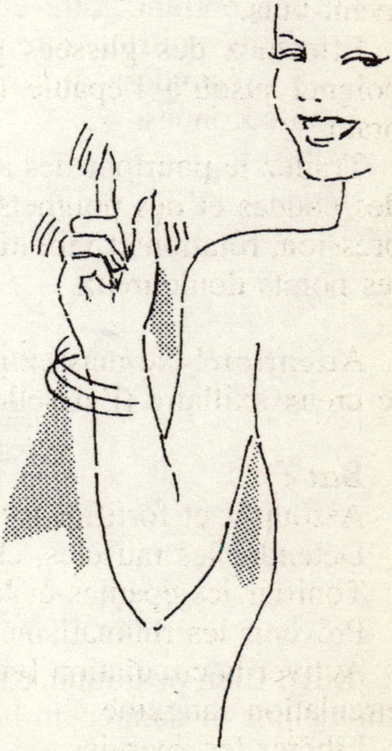

La gym énergétique

Débutant – Moyen – Fort

- ✔ Debout, jambes écartées.
- ✔ Le dos bien droit, les épaules basses, nuque longue, menton parallèle au sol, poitrine portée vers le haut et vers l'avant, omoplates collées, ventre rentré naturellement.
- ✔ Portez vos doigts sur les épaules et vos coudes au creux de la taille.
- ✔ Restez immobile dans cette posture en concentrant votre énergie sur vos épaules et votre poitrine sur 5 à 15 inspirations de 5 secondes et 5 à 15 expirations de 5 secondes.

But : Bien positionner les épaules, ouvrir la cage thoracique et donner un bon maintien du dos.

La gym énergétique

Débutant

✔ Allongé(e), face au sol en appui sur les bras tendus et les pointes de pieds, gardez le dos, le bassin et les jambes sur le même axe.

✔ Restez immobile dans cette posture en concentrant votre énergie sur vos épaules et vos bras sur 5 à 15 inspirations de 5 secondes et 5 à 15 expirations de 5 secondes.

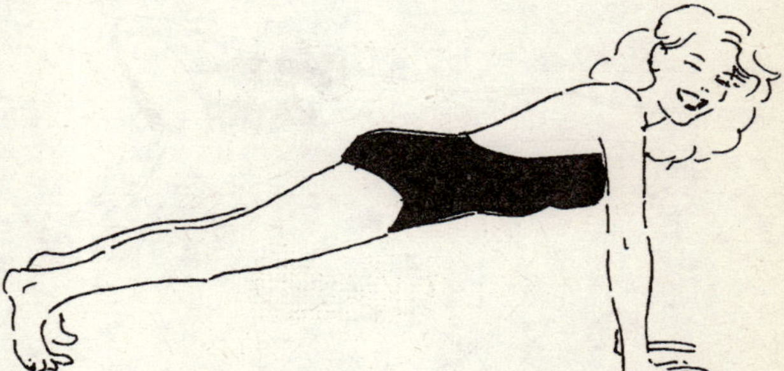

Moyen

- ✔ Faites le même exercice avec les bras légèrement fléchis. Le ventre est rentré.
- ✔ Restez immobile dans cette posture en concentrant votre énergie sur vos épaules et vos bras.
- ✔ Même inspiration, même expiration.

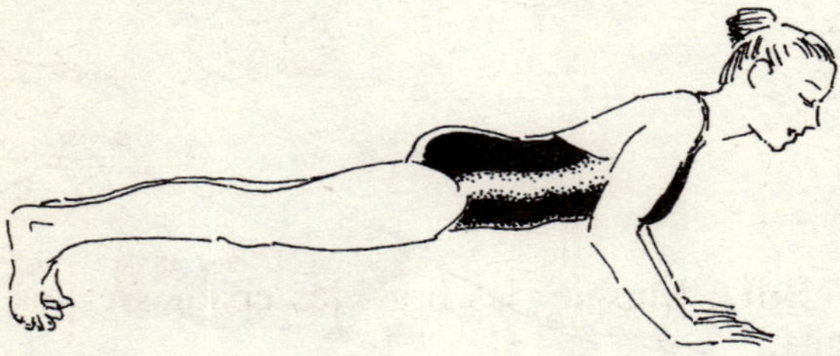

Fort

- ✔ Faites le même exercice avec les bras fléchis. La poitrine et le pubis touchent le sol sans s'appuyer. Le ventre est rentré.
- ✔ Restez immobile dans cette posture en concentrant votre énergie sur vos épaules et vos bras.
- ✔ Même respiration.

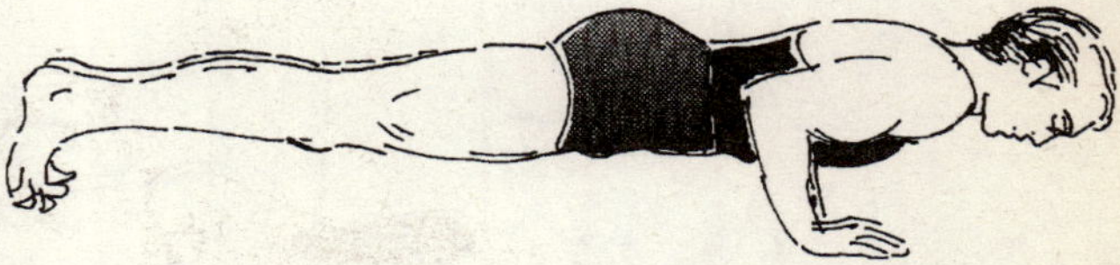

But : Muscler les bras, les épaules et les pectoraux.
Ouvrir et fortifier la cage thoracique.
Renforcer tous les chakras.

Variante

Pendez-vous à un espalier.

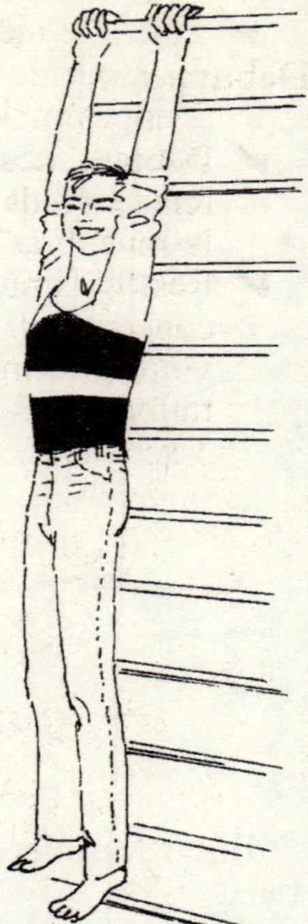

Variante

En appui contre un mur.

La gym énergétique

Débutant

- ✔ Debout, dos au mur, fesses serrées, ventre rentré, pieds joints, posez les mains à plat sur le mur, bras tendus.
- ✔ Restez immobile dans cette posture en concentrant votre énergie sur vos bras et sur votre poitrine bien dégagée sur 5 à 15 inspirations de 5 secondes et 5 à 15 expirations de 5 secondes.

Moyen

- ✔ Faites le même exercice avec les bras légèrement fléchis.
- ✔ Restez immobile dans cette posture en concentrant votre énergie sur vos bras et sur votre poitrine dégagée.
- ✔ **Attention !** Vos épaules et votre nuque restent souples.

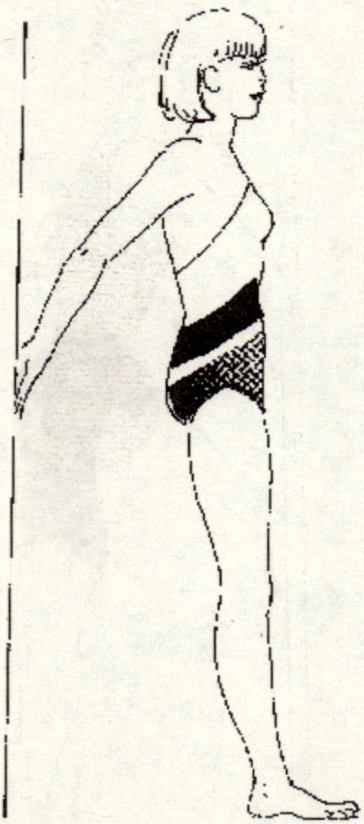

Fort

- ✔ Faites le même exercice avec les bras fléchis.
- ✔ Restez immobile dans cette posture en concentrant votre énergie sur vos bras et sur votre poitrine dégagée. Le corps doit être bien droit, la poitrine, le bassin et les jambes dans le même axe.
- ✔ Même respiration.

Variante

✔ Faites le même exercice allongé(e) dos au sol.
✔ Tirez les pointes des pieds vers l'extérieur.
✔ Ne laissez pas tomber les fesses.

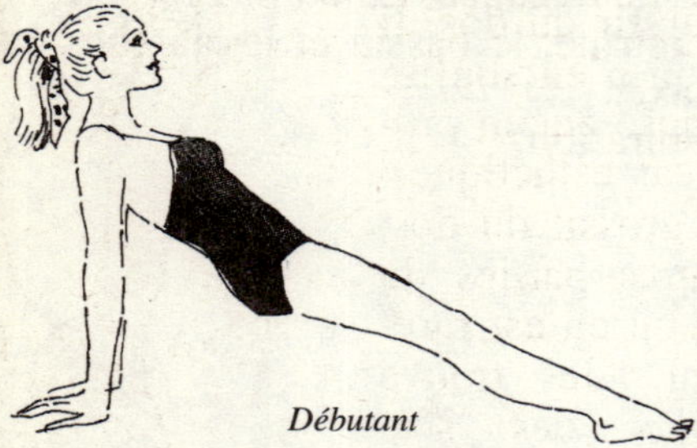

Débutant

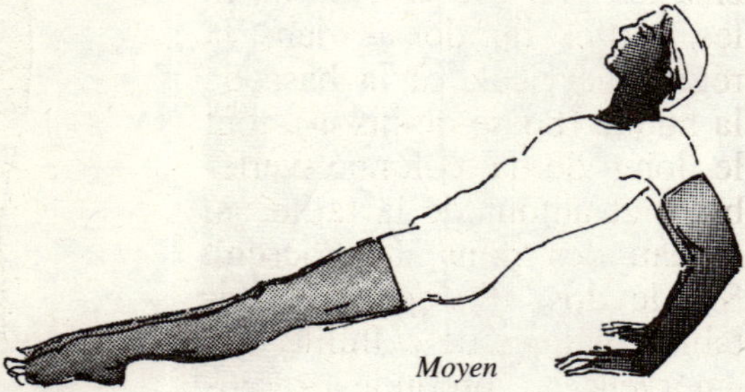

Moyen

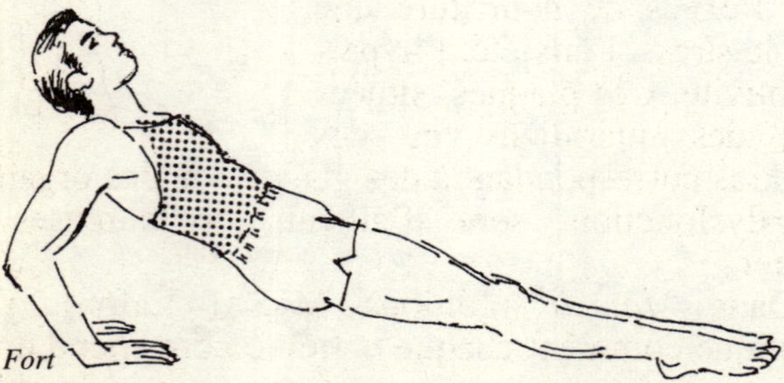

Fort

But : Muscler les bras et les épaules.

Le dos

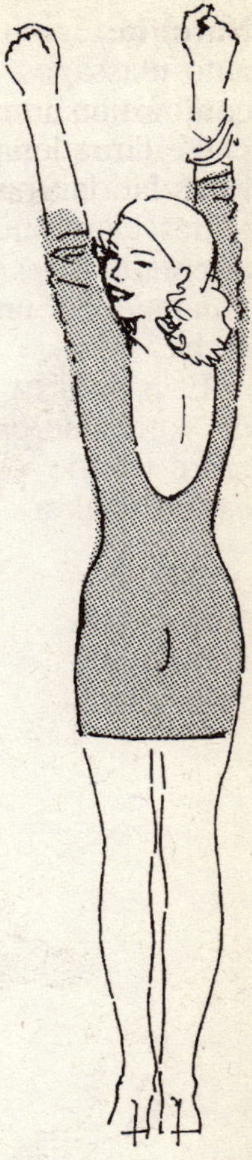

En trente-cinq ans de pratique de thérapie manuelle, aucun patient ne m'a jamais demandé de maigrir du dos. Il semble que si on n'en souffre pas, le dos ne pose aucun problème, en tout cas esthétique.

Pourtant, on grossit du dos, comme des autres parties du corps, même si on en est rarement conscient. Je trouve presque toujours des surcharges graisseuses sur toutes les parties du dos – dans la région cervicale, à la base de la nuque (bosse de bison), tout le long de la colonne vertébrale et autour de la taille, au niveau des reins, du sacrum. Sur le dos, il s'agit de véritables plaques de cellulite dite « nerveuse », produites moins par l'excès de nourriture que par le stress, l'anxiété, l'hyperémotivité. Ces plaques, situées sur des méridiens et des chakras correspondant à des glandes ou des organes en dysfonction, sont d'ailleurs douloureuses à traiter.

Dans *Maigrir* (éditions Michel Lafon), j'ai expliqué comment chaque vertèbre correspond à un organe et pourquoi on ne peut pas maigrir durablement si on souffre d'un blocage d'une articulation vertébrale.

Des trois parties du dos (cervicale, dorsale, lombaire) la région dorsale ne peut être atteinte par les auto-massages. Il vous faudra faire appel à votre conjoint ou à un thérapeute. C'est le rôle de l'ostéopathe de redonner une parfaite mobilité à toutes les articulations pour rendre aux organes et aux systèmes leur fonction optimale et favoriser la bonne circulation des énergies.Vous pouvez à la rigueur vous aider d'une lanière de crin ou d'une serviette rêche.

Et n'oubliez pas de traiter le ventre, centre vital de votre énergie, en même temps que votre dos – arbre de vie – dont chaque articulation vertébrale est un chakra.

Les auto-massages

Assis(e) sur un tabouret, traitez la zone du sacrum (pli fessier) jusqu'aux reins (région lombaire).

Si vous le pouvez, traitez votre dos un peu plus haut (zone charnière dorso-lombaire) avec des manœuvres douces de pression, rotation et vibration.

Puis accentuez vos pressions.

Faites des pincés-roulés avec le pouce et l'index le long de la colonne vertébrale sur toute la peau que vous pouvez saisir.

Finissez par des percussions avec le tranchant des mains ou les poings fermés sur la région lombaire et le sacrum.

But :

Assouplir les articulations vertébrales et libérer les disques intervertébraux.

Détendre et tonifier les muscles paravertébraux.

Stimuler et fortifier les organes du bassin : intestins, vessie, organes génitaux.

Activer la circulation des membres inférieurs.

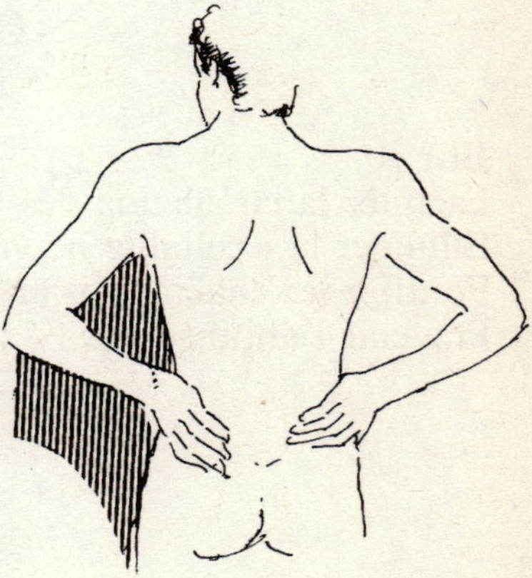

Utilisez une lanière de crin ou une serviette rugueuse pour masser votre dos (zones lombaire et dorsale).

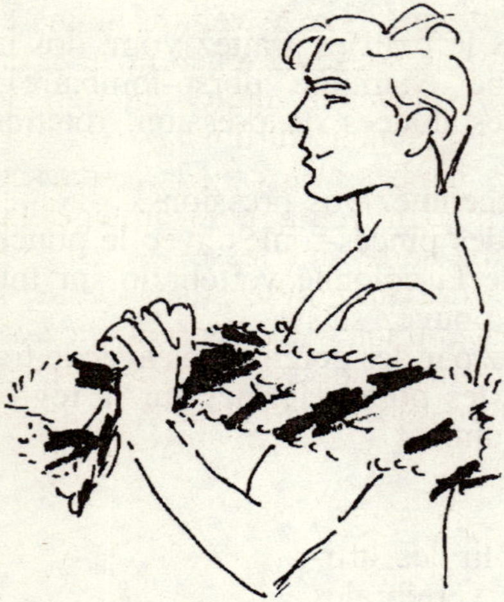

But :
Faciliter la circulation des énergies.
Éliminer la « cellulite nerveuse ».
Fortifier les chakras des articulations vertébrales.
Prévenir l'arthrose.

La gym énergétique

Débutant

✔ Allongé(e) sur le ventre, mains croisées sous le front, soulevez légèrement le haut du corps, sans relever la nuque qui doit rester dans le prolongement du dos.

✔ Les jambes et les pieds restent au sol.

✔ Rentrez le ventre pour protéger la région lombaire, serrez les fesses.

✔ Restez immobile dans cette posture en concentrant votre énergie sur votre dos sur 5 à 15 inspirations de 5 secondes et 5 à 15 expirations de 5 secondes.

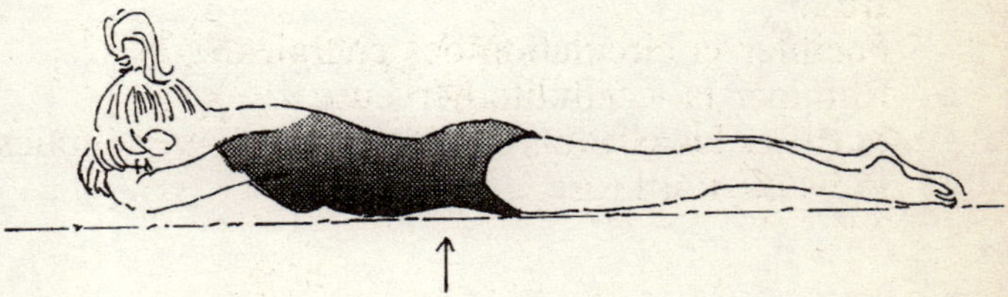

Moyen

- ✔ Faites le même exercice avec les bras en chandelier, les coudes au corps, les mains ouvertes au niveau des épaules, rentrez le ventre, serrez les fesses.
- ✔ Restez immobile dans cette posture en concentrant votre énergie sur votre dos.
- ✔ Même inspiration, même expiration.

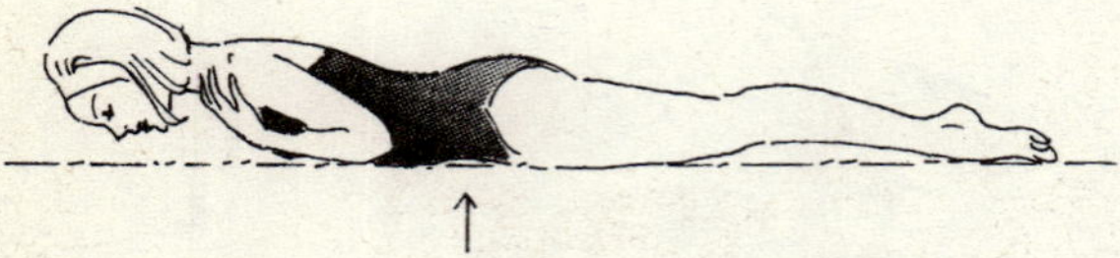

Fort

✔ Faites le même exercice avec les bras tendus devant vous, rentrez le ventre, serrez les fesses.
✔ Restez immobile dans cette posture en concentrant votre énergie sur votre dos.
✔ Même respiration.

Variante

✔ Le même exercice avec les poings serrés.

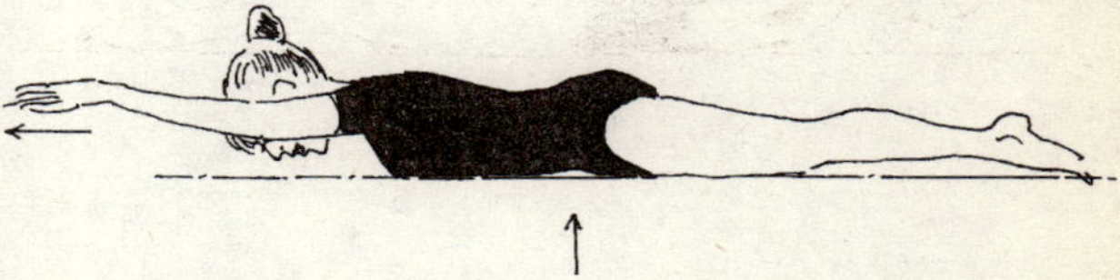

But :
Muscler le dos et lutter contre les mauvaises positions (cyphose et hyperlordose), affiner tout le corps.
Cet exercice combat l'anxiété, la déprime, la timidité et renforce toute l'énergie de la moelle épinière.
Excellent pour harmoniser la tête et le corps.

La gym énergétique

Débutant

- ✔ À genoux, assis(e) sur les talons, dos incliné à 45°, nuque longue. Mains placées sur les épaules, coudes au corps, poitrine dégagée.
- ✔ Restez immobile dans cette posture en concentrant votre énergie pour serrer vos omoplates sur 5 à 15 inspirations de 5 secondes et 5 à 15 expirations de 5 secondes.

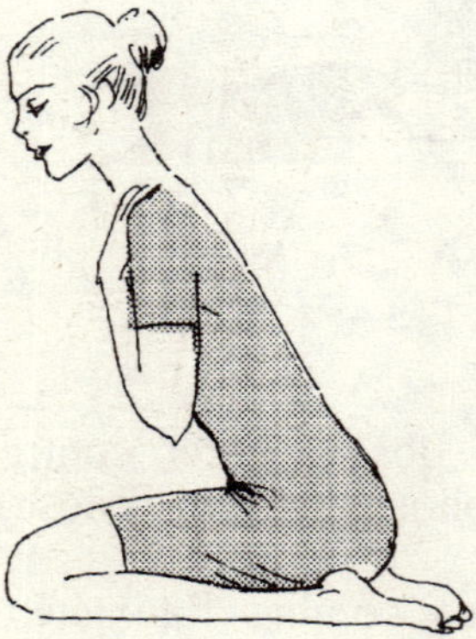

Moyen

- ✔ Faites le même exercice, en tendant vos bras en croix, parallèles au sol.
- ✔ Restez immobile dans cette posture en concentrant votre énergie pour maintenir vos omoplates serrées et vos épaules basses, nuque longue.
- ✔ Même inspiration, même expiration.

Fort

- ✔ Faites le même exercice en tendant vos bras vers le haut (les bras passent au niveau des oreilles).
- ✔ Poussez les paumes de mains vers le ciel.
- ✔ **Attention !** Gardez l'inclinaison de votre dos à 45°.
- ✔ Restez immobile dans cette posture en concentrant votre énergie sur votre dos.
- ✔ Même respiration.

Variante

- ✔ Tirez la pointe de vos doigts vers le ciel.

But : Muscler le dos et corriger les mauvaises positions (redresser le dos rond). Fixer les omoplates, fortifier les épaules.

Détendre le système nerveux et régulariser le sommeil.

Éliminer dorsalgie, lombalgie, sciatique.

La gym énergétique

Débutant

- ✔ Debout, chevilles, genoux et fesses serrés, ventre rentré, dos droit, bras tendus vers le haut, poings serrés.
- ✔ Restez immobile dans cette posture en concentrant votre énergie sur toutes les parties du corps sur 5 à 15 inspirations de 5 secondes et 5 à 15 expirations de 5 secondes.

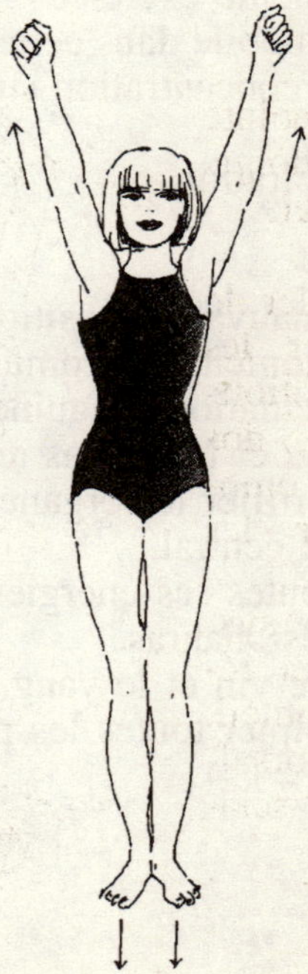

Moyen

✔ Faites le même exercice en serrant en plus vos mollets, vos cuisses l'une contre l'autre.
✔ Restez immobile dans cette posture en concentrant votre énergie sur toutes les parties du corps.
✔ Même inspiration, même expiration.

Fort

✔ Faites le même exercice.
✔ Restez immobile dans cette posture en renforçant votre concentration sur toutes les parties du corps.
✔ Même respiration.

But :
Corriger les mauvaises positions.
Renforcer la tonicité neuromusculaire.
Activer la circulation sanguine et lymphatique.
Fortifier le dos et toutes les articulations.
Stimuler et fortifier les organes, les glandes et le système nerveux central.
Rassembler toutes ses énergies.
Harmoniser les chakras.
Rééquilibrer le yin et le yang.
Affiner et sculpter toutes les parties du corps.

Ces exercices très puissants ont pour moi un intérêt particulier, vous allez transpirer, c'est normal et même souhaitable pour éliminer les toxines et maigrir.

Moyen *Fort*

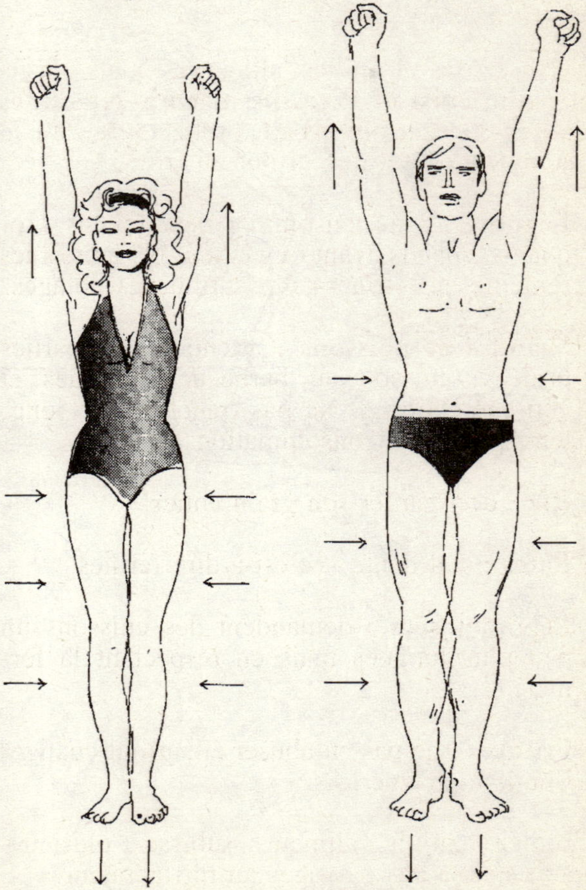

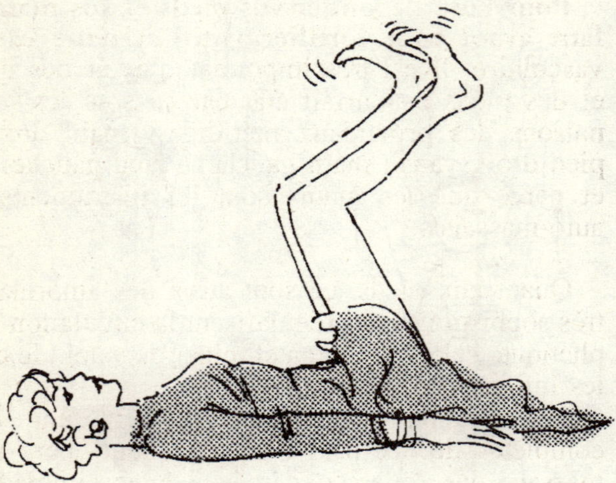

LES PIEDS ET LES MAINS

Oui, on peut maigrir des pieds et des mains, bien qu'on observe rarement des dépôts graisseux mais plutôt des gonflements, des boursouflures, dus à une mauvaise circulation.

Pour faire dégonfler vos pieds et vos mains, il faut avant tout fortifier votre système cardio-vasculaire. Il est très important d'avoir des mains et des pieds en parfait état car ce sont les terminaisons des principaux méridiens (main droite – pied droit, yang ; main gauche – pied gauche, yin) et parce que les mains sont les instruments des auto-massages.

Quant aux pieds, ce sont aussi des amortisseurs très sophistiqués qui régularisent la circulation lymphatique, celle qui aide à éliminer dans tout le corps les infiltrations cellulitiques.

Les schémas des pieds illustrent une carte complète du corps. Un traitement par auto-massage des zones concernées soulage immédiatement les organes ou les systèmes correspondants et déclenche les hormones du bien-être.

En Occident, on a tendance à sous-estimer l'importance des mains et des pieds dans l'équilibre général de l'organisme – donc dans l'amaigrissement. En Chine et au Japon, on pratique des massages dits d'amaigrissement, simplement en traitant les mains et les pieds.

Trajet des méridiens des pieds

– Dessus du pied –

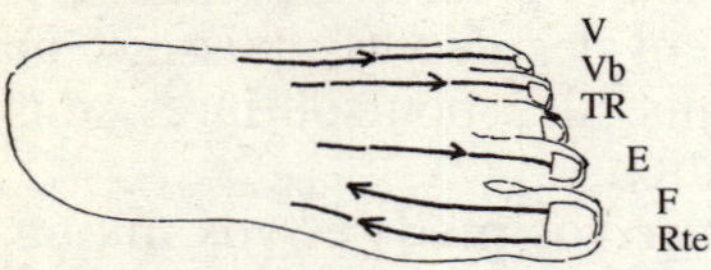

V : *Vessie*
Vb : *Vésicule biliaire*
TR : *Triple réchauffeur*
E : *Estomac*
F : *Foie*
Rte : *Rate*

– Plante des pieds –

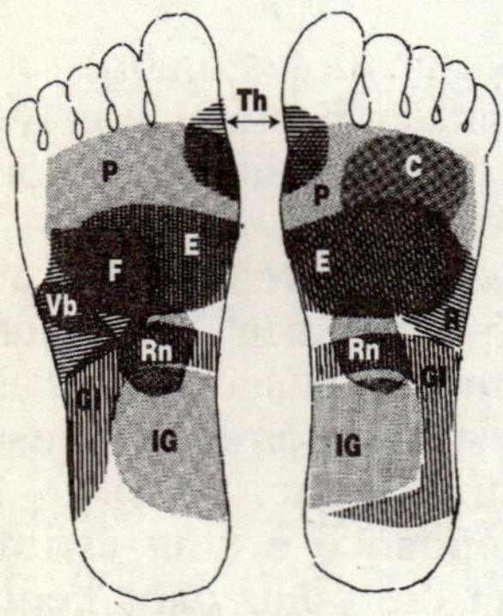

Pied droit : yang *Pied gauche : yin*

Th : *Thyroïde*
P : *Poumons*
C : *Cœur*
E : *Estomac*
F : *Foie*
Vb : *Vésicule biliaire*
R : *Rate*
Rn : *Reins*
GI : *Gros intestin*
IG : *Intestin grêle*

Trajet des méridiens des mains

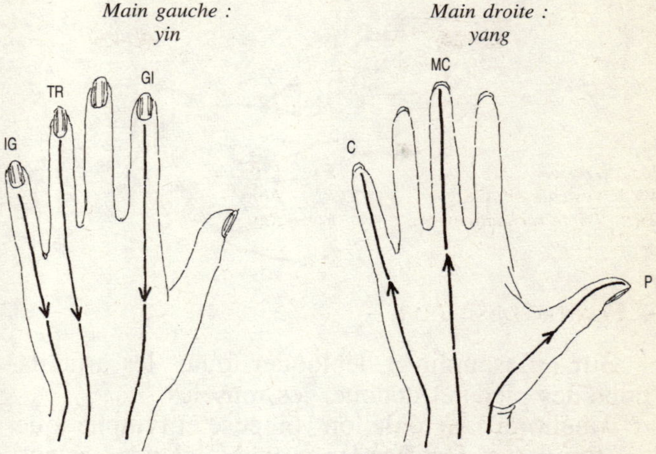

IG : Intestin grêle
TR : Triple réchauffeur
GI : Gros intestin

C : Cœur
MC : Maître cœur
P : Poumons

Les auto-massages : les pieds

Assis(e) dans une position confortable sur une chaise ou au sol, posez une cheville sur le genou opposé.

Placez une main sur l'articulation de la cheville pour la bloquer, l'autre main saisit le pied et pratique des manœuvres de rotation du pied dans un sens puis dans l'autre.

Puis faites des mouvements de flexion et d'extension.

Ensuite, avec les pouces, traitez toute la voûte plantaire du talon aux doigts de pied, en pression et rotation sur place. Insistez sur les points douloureux que vous rencontrez et sur le centre de la plante de pied.

Changez de pied.

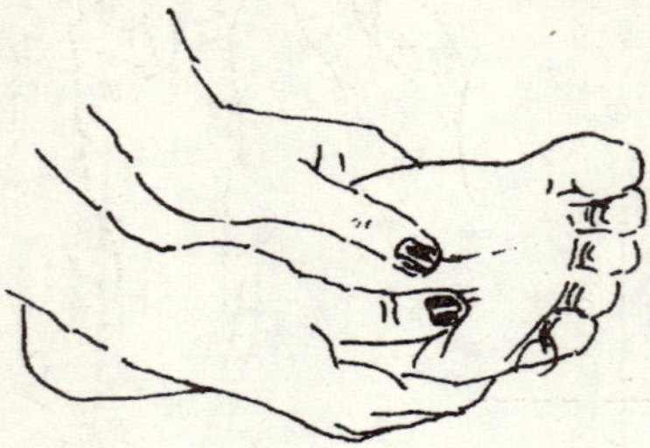

But : Assouplir et débloquer toutes les articulations des pieds et dénouer les muscles.

Améliorer la circulation veineuse et lymphatique.

Stimuler et fortifier les organes, glandes et systèmes.

Procurer une sensation de bien-être et détendre tout le système nerveux central. Améliorer le sommeil.

Régulariser vos énergies. Harmoniser la tête et le corps.

Faites des mobilisations de toutes les articulations des pieds. Puis des manœuvres de pression et de rotation avec les pouces côte à côte sur tout le dessus du pied. Puis sur le pourtour de la cheville. Insistez sur place sur les points douloureux et sur le trajet des méridiens.

Changez de pied.

But : Activer la circulation veineuse.

Redonner au pied son rôle d'amortisseur.

Détendre tout l'organisme.

Donner de l'énergie.

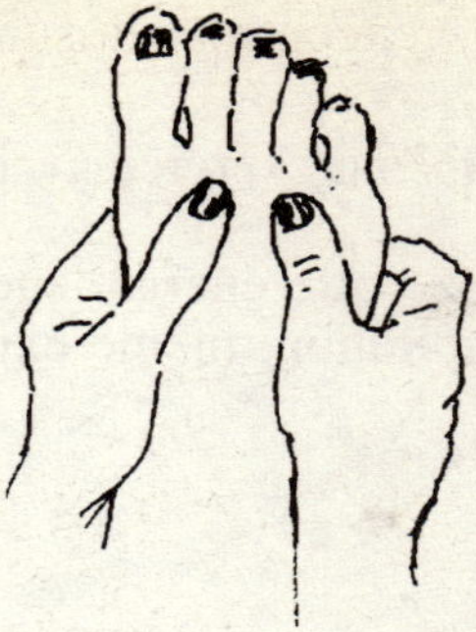

Mobilisation des articulations des pieds

La gym énergétique : les pieds

Débutant

- ✔ Allongé(e) sur le dos, jambes fléchies, parallèles au sol. Faites sur place des petites vibrations de vos pieds.
- ✔ Concentrez votre énergie sur vos pieds sur 5 à 15 inspirations de 5 secondes et 5 à 15 expirations de 5 secondes.

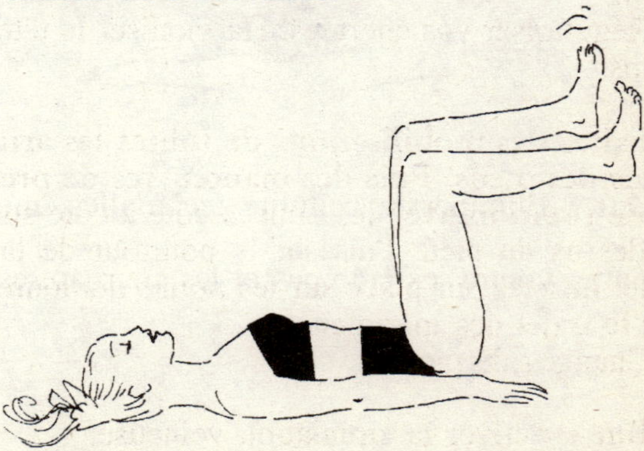

But : Assouplir et fortifier les chevilles. Améliorer la circulation veineuse et lymphatique.

Moyen

- ✔ Faites le même exercice avec les jambes plus relevées.
- ✔ Concentrez votre énergie sur vos pieds.
- ✔ Même inspiration, même expiration.

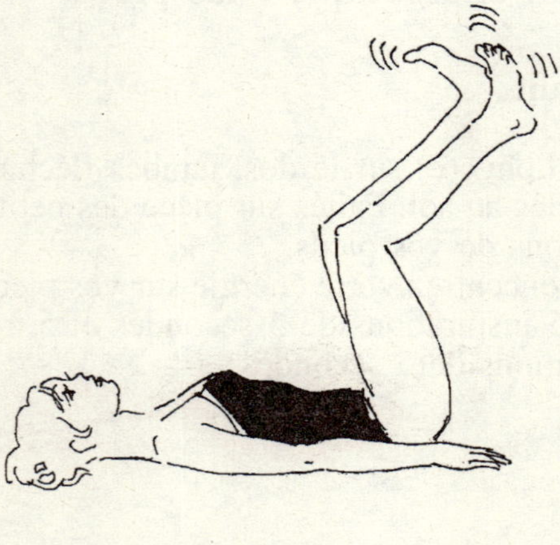

But : Éliminer la cellulite : chevilles, mollets, cuisses.

Lutter contre les crampes et les courbatures.

Fort

✔ Dans la même position, jambes à la verticale, tendues au maximum, tirez fortement les pointes des pieds vers vous.
✔ Restez immobile dans cette posture en renforçant votre concentration sur vos pieds.
✔ Même respiration.

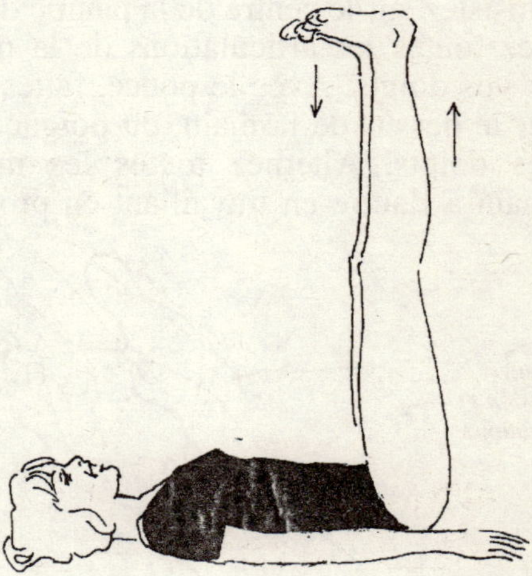

But : Affiner les jambes.
Renforcer les articulations des chevilles.
Chasser la cellulite de la face postérieure des cuisses.

Les auto-massages : les mains

Frottez vos mains l'une contre l'autre.

Faites des marionnettes, bras le long du corps (p. 171).

Massez vos mains dans tous les sens puis, avec la pulpe du pouce, **faites des manœuvres de pression et rotation sur place sur la paume de la main** en partant du poignet jusqu'au bout des doigts. Insistez sur le centre de la paume de la main. Mobilisez toutes les articulations de la main, puis tirez sur vos doigts. Avec le pouce, faites des pressions sur le dessus de la main, du poignet jusqu'au bout des doigts. Alternez toutes les manœuvres d'une main à l'autre en travaillant en profondeur.

Manœuvre de pression et de rotation

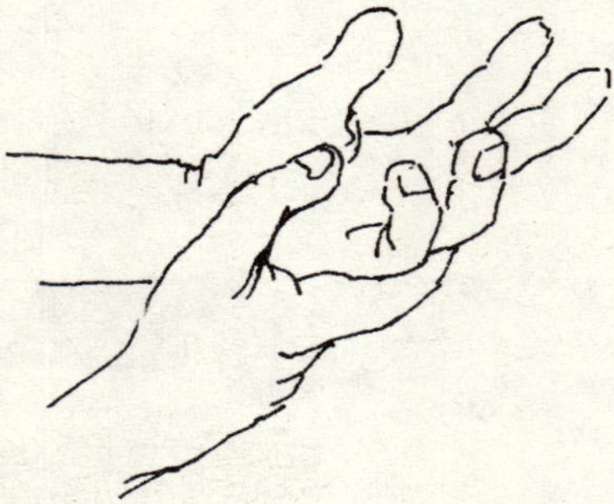

But : Stimuler et fortifier tous les organes, glandes et systèmes du corps.

Détendre le système nerveux central.

Rassembler vos énergies.

La gym énergétique : les mains

- ✔ Placez vos mains face à face, doigts écartés les uns contre les autres à la hauteur de la poitrine.
- ✔ Restez immobile dans cette posture en concentrant votre énergie sur le bout des doigts sur 5 à 15 inspirations de 5 secondes et 5 à 15 expirations de 5 secondes.

But : Fortifier les doigts et faire circuler les énergies.

✔ Placez vos mains face à face, paume contre paume à la hauteur de la poitrine.
✔ Restez immobile dans cette posture en concentrant votre énergie sur toute la surface des mains.
✔ Même inspiration, même expiration.

But : Fortifier les mains et les poignets.

✔ Debout, jambes écartées, ventre rentré, fesses serrées, poitrine dégagée, bras tendus à l'horizontale devant vous, paumes de mains ouvertes, doigts écartés au maximum.
✔ Imaginez que vous repoussez un mur.
✔ Restez immobile dans cette posture en concentrant votre énergie sur les doigts écartés et la flexion de 90° des poignets sur 5 à 15 inspirations de 5 secondes et 5 à 15 expirations de 5 secondes.

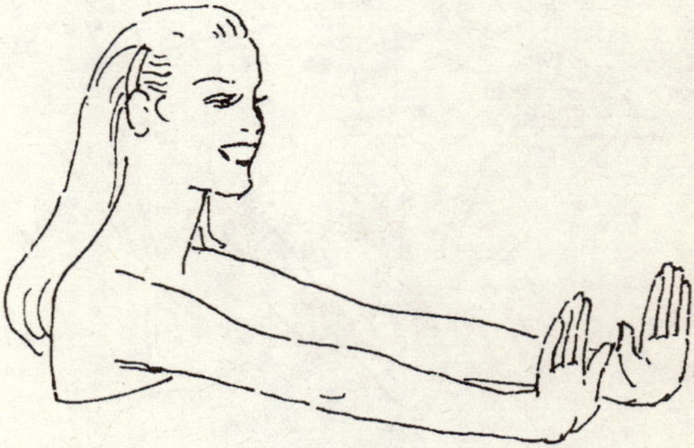

Variante

✔ Même position du corps avec les poings serrés au maximum.

But : Affiner les bras.
Renforcer l'énergie des mains et des poignets.

LE VISAGE ET LE COU

Contrairement à ce que vous pensez, votre visage est plutôt gonflé que trop gros ; il est crispé, boursouflé, avec peut-être une légère infiltration de graisse dans le tissu conjonctif, au niveau des joues, du menton, du cou, et au-dessous des yeux. Pour le visage et le cou, amincissement et beauté sont indissociables.

Pour maigrir du visage et l'embellir, il faut avant tout régler vos problèmes neurovégétatifs, cardio-vasculaires, respiratoires, retrouver la santé de votre ventre et de votre cœur.

Chaque partie du visage est le reflet d'un organe, d'un système ou d'une glande.

Peau épaissie, infiltrée, rougie, joues gonflées ? Responsable : le système digestif, une alimentation trop riche.

Poches sous les yeux ? Le foie, les reins et les surrénales.

Lèvres gonflées ? Congestion des intestins.

Menton épaissi et oreilles congestionnées ? Dérèglement du système lymphatique et des reins.

Cou alourdi ? Congestion de l'intestin grêle, dérèglement du parasympathique.

Nuque infiltrée ? Dysfonction neurovégétative.

Tout alourdissement du visage est lié à un désordre à traiter ailleurs dans l'organisme. (Ainsi s'expliquent les échecs des traitements esthétiques, de chirurgie plastique qui ne se préoccupent que du visage et non pas des causes.) Aucun traitement local – massage, masque, chirurgie esthétique – ne peut embellir le visage très longtemps si on ne traite pas en même temps la cause profonde.

Pour affiner et tonifier votre visage, ma méthode vous garantit un résultat concret et durable.

Les auto-massages : le visage

Le visage doit être traité avec beaucoup de douceur.

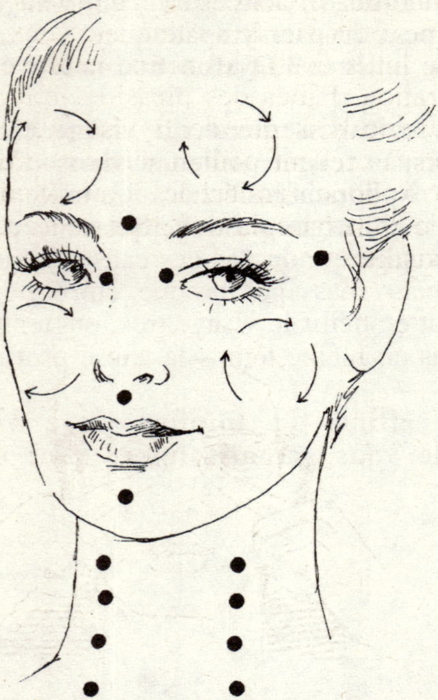

Traitez le visage dans le sens des aiguilles d'une montre.
Traitez les points d'acupuncture en pression et rotation.

Commencez par des manœuvres de pression-rotation sur toute la surface du front.

Puis traitez le point situé entre les sourcils par pression-rotation et vibration.

Massez la zone des arcades sourcilières du nez vers l'extérieur, en manœuvres de pincé-roulé.

Si vous rencontrez une petite infiltration cellulitique et des points douloureux, cela correspond à une fatigue de la nuque et des épaules et des problèmes hépato-biliaires.

Avec les pouces, ou le bout des doigts, massez la zone située sous les arcades sourcilières en pression-rotation ainsi que les points à la racine du nez pour tonifier le système nerveux, défatiguer les yeux, lutter contre les maux de tête et aider à la concentration. Faites des pressions-rotations-vibrations avec le bout des doigts sur tout le trajet du nez. C'est excellent pour améliorer la digestion et stimuler l'odorat. Traitez le point de vitalité situé au milieu de la base du nez pour renforcer l'énergie et la sexualité.

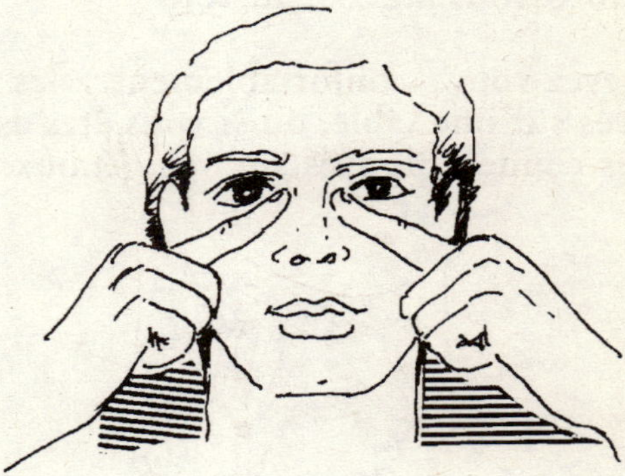

Sur les joues, les pommettes et les mâchoires, faites des pressions-rotations en profondeur sur place sur tous les points douloureux. Pour décontracter les muscles du visage et tonifier la peau. Ces manœuvres dénouent les tensions des mâchoires pour permettre une meilleure mastication et vous relaxer. Le stress nous frappe souvent en pleine figure et bloque les mâchoires sur des zones de tension.

Traitez le point situé au milieu du menton en

pression-vibration et en pincé-roulé pour fortifier vos reins et stimuler force sexuelle et vitalité.

Traitez le point sur les tempes en pression-rotation pour redonner de l'énergie.

Avec le pouce et l'index, massez avec beaucoup de douceur les lèvres pour stimuler et fortifier l'appareil neurovégétatif.

Massez les oreilles sur toute leur surface en manœuvre de pincé pour détendre et fortifier tout votre organisme et rassembler vos énergies (les oreilles sont en relation avec tous nos organes).

Les auto-massages : la tête

Asseyez-vous confortablement, les coudes appuyés sur une table, ou si vous êtes assis(e) au sol, les coudes appuyés sur vos genoux.

Manœuvre de pression

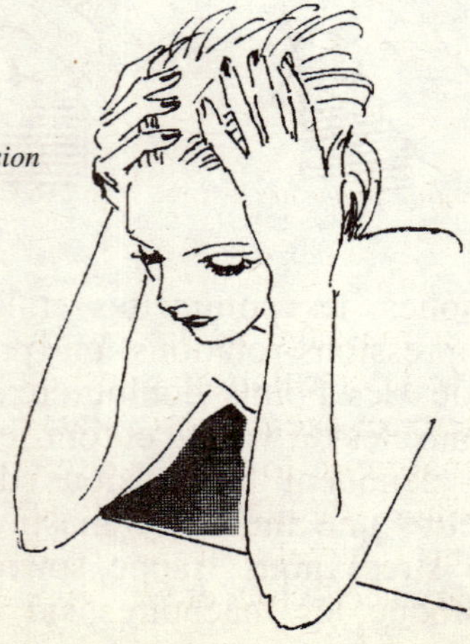

Massez votre tête avec les mains placées de chaque côté du crâne en manœuvres de pressions très douces, puis de pressions et rotations, accompagnées de vibrations, en augmentant légèrement les pressions plus en profondeur. Déplacez vos mains sur une autre partie du crâne.

But : se détendre, rassembler ses énergies, chasser la fatigue physique et psychologique.

Faites des pressions accompagnées de rotations et de vibrations, sur place dans le sens des aiguilles d'une montre avec le bout des doigts, sur les points dans l'axe du sommet de la tête. Déplacez vos doigts sur les points douloureux.

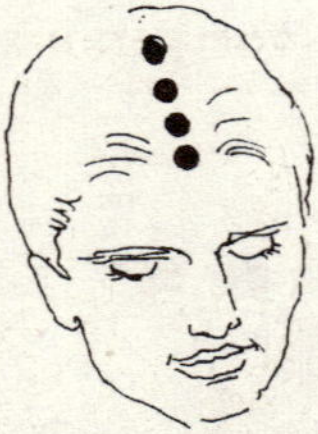

Points d'acupuncture

Manœuvre de pression

But : Un massage de la tête décongestionne le crâne, active la circulation. C'est excellent après un repas copieux et bien arrosé pour éliminer le sang impur et chargé de toxines accumulé dans la tête.

Un massage régulier permet de mieux vasculariser le cuir chevelu et de réactiver des zones gagnées par la calvitie et de stopper la chute des cheveux.

Un bon massage élimine la fatigue, permet de se

concentrer plus facilement, améliore la qualité du sommeil, stimule l'organisme, donne de l'énergie et de la bonne humeur.

Attention ! Ne faites jamais de frictions et de manœuvres trop fortes, elles irritent, sur-stimulent le système nerveux et ne procurent pas la détente indispensable pour un bon amaigrissement.

Les auto-massages : la nuque et le cou

Dans la même position, assise et confortable, les coudes appuyés sur une table ou sur vos genoux.

Enveloppez votre cou avec vos mains, paumes sur la gorge et bout des doigts placés sur les points de la nuque.

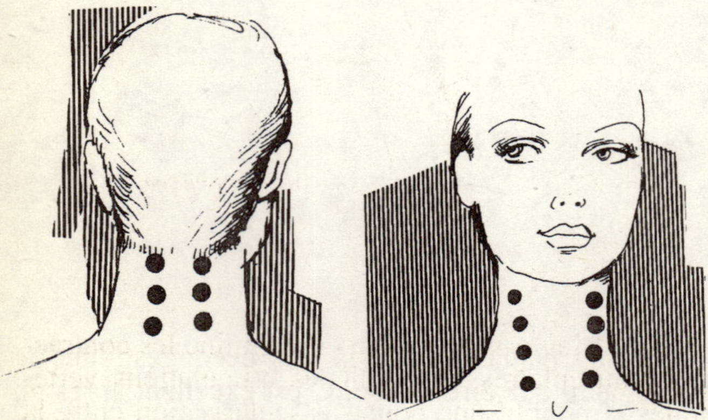

Points d'acupuncture

Traitez doucement votre nuque en pressions et rotations sur place dans le sens des aiguilles d'une montre, puis en vibrations.

En même temps, avec les paumes de vos mains,

exercez des pressions sur les points situés sur la gorge (sur les glandes endocrines : la thyroïde).

Puis déplacez légèrement vos mains sur les zones douloureuses et les tensions.

Effectuez un malaxage du cou avec toute la main. Puis traitez les points sur la glande thyroïde avec le bout des doigts en pressions et rotations sur place, puis en vibrations.

Malaxage du cou

But : L'auto-massage du cou élimine les contractures musculaires, assouplit les articulations vertébrales et rétablit une bonne vascularisation entre la colonne vertébrale et le cerveau, évitant souvent les maux de tête. C'est excellent contre la fatigue. **Pour les femmes, masser la glande thyroïde stimule la production d'hormones et conserve la jeunesse du visage et de tout l'organisme, et la beauté de la peau.**

La gym énergétique : le cou

Le dos droit, les épaules souples et basses, grandissez votre nuque. Posez une main à plat sur votre front et poussez votre tête en opposant une résistance à cette poussée.

Restez immobile dans cette posture en concentrant votre énergie sur votre cou sur 5 à 8 inspirations de 5 secondes et 5 à 8 expirations de 5 secondes.

Changez de main.

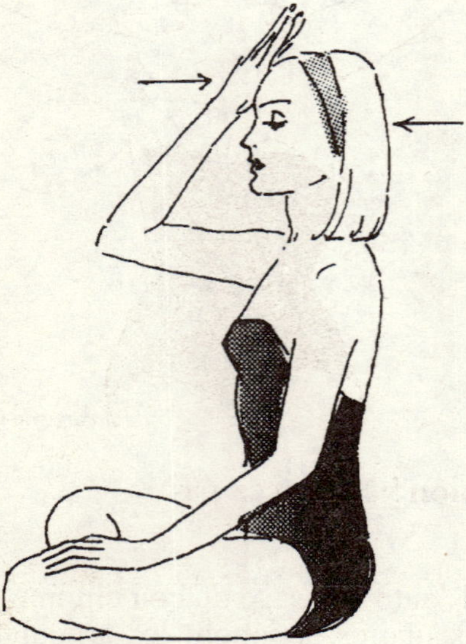

Attention ! Ne forcez pas, la résistance doit être progressive au cours des séances suivantes.

Le dos droit, les épaules souples, posez une main à plat sur la tempe et poussez votre tête en opposant une résistance à cette poussée.

Restez immobile en concentrant votre énergie sur

votre cou sur 5 à 8 inspirations de 5 secondes et 5 à 8 expirations de 5 secondes.

Changez de main et faites le même mouvement immobile. La tête reste parfaitement droite.

Attention ! Ne forcez pas.

Le dos droit, les épaules souples, coudes écartés, croisez vos doigts sur votre tête et poussez-la vers le haut contre une opposition des mains et des bras.

Restez immobile dans cette posture en concentrant votre énergie sur votre tête sur 5 à 15 inspirations de 5 secondes et 5 à 15 expirations de 5 secondes.

Attention ! Montez votre dos au maximum, ne bougez pas, ne forcez pas.

Le dos droit, les épaules souples, croisez vos doigts derrière la tête et poussez-la dans les mains qui résistent à la poussée.

Restez immobile dans cette posture en concentrant votre énergie sur votre nuque sur 5 à 15 inspirations de 5 secondes et 5 à 15 expirations de 5 secondes.

Attention ! Ne basculez pas la tête en arrière, le menton doit rester parallèle au sol. Ne forcez pas.

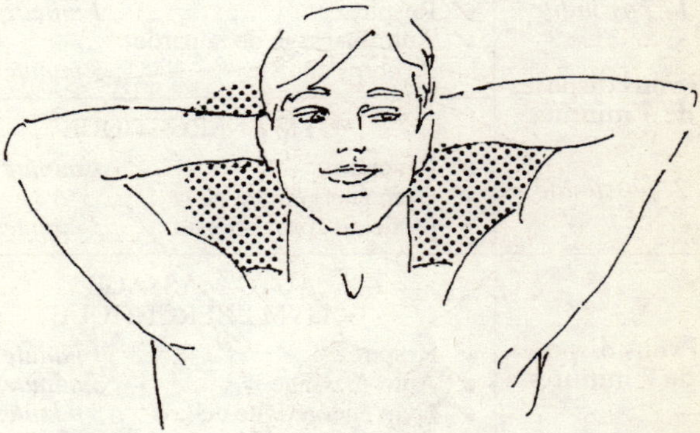

But : Ces mouvements sont très efficaces pour renforcer la musculation du cou et de la nuque, vasculariser la tête, libérer les articulations vertébrales et stopper les inflammations rhumatismales (arthrose, arthrite).

Ces exercices harmonisent le grand sympathique et le parasympathique, favorisant la détente et permettant de maigrir là où vous voulez.

Votre programme quotidien

Choisissez votre programme suivant le temps dont vous disposez.

BASE	RESPIREZ	
Une minute toutes les heures	✔ Inspiration 5 secondes ✔ Palier 2 secondes ✔ Expiration 5 secondes	*5 fois par heure*
1re possibilité	AUTO-MASSAGE	
	✔ Respirez	*1 minute*
Si vous disposez de 4 minutes	✔ Auto-massage de la partie du corps choisie	*3 minutes*
2e possibilité	GYM ÉNERGÉTIQUE	
	✔ Respirez	*1 minute*
	✔ Gym énergétique de la partie du corps choisie	*3 minutes*
Si vous disposez de 7 minutes	AUTO-MASSAGE + GYM ÉNERGÉTIQUE	
	✔ Respirez	*1 minute*
	✔ Auto-massage	*3 minutes*
	✔ Gym énergétique de la partie du corps choisie	*3 minutes*
Si vous disposez de plus de 7 minutes	MÉDITEZ	
	✔ Respirez	*1 minute*
	✔ Méditez	*10 minutes ou plus*

CHAPITRE 5

L'ALIMENTATION ÉNERGÉTIQUE

Pour maigrir là où vous voulez, rassembler vos énergies est essentiel, vous l'avez compris. Et dans ce rassemblement des énergies, l'alimentation joue un rôle primordial.

Je vous ai mis en garde contre les erreurs les plus courantes en matière de comportement alimentaire : repas irréguliers pris trop rapidement, menus anarchiques, excès de boisson, régimes terroristes, directifs, ouvrant sur des carences, de grandes fatigues, des pertes d'énergie, des états dépressifs et, au bout du compte, de spectaculaires reprises de poids. Le plus inquiétant dans ces célèbres régimes est que, la plupart du temps, ils sont prescrits par des médecins, lesquels, d'après moi, négligent volontairement les effets à long terme, au profit de leur publicité personnelle, et d'une intention commerciale.

Comment tirer de l'alimentation le maximum d'énergie dont nous avons besoin pour atteindre notre objectif d'amaigrissement ?

Choisir ses aliments

Les conseils que vous allez trouver dans ce paragraphe vous paraîtront peut-être évidents, de simple bon sens. **Pourtant j'attache une grande importance à la façon dont vous devez choisir vos aliments.** Souvent, manquant de temps, on manque de vigilance, on achète trop vite n'importe quoi et on le regrette.

Prenez votre temps.

La bonne distribution de l'énergie que nous recherchons dépend, en grande partie, de la qualité des aliments que nous absorbons. Pour les Chinois, la santé de l'aliment, sa fraîcheur, sa teneur énergétique – ce qu'ils appellent le jing (ne pas confondre avec le yin) – sont primordiaux.

Comment s'assurer de la bonne teneur énergétique des aliments ? Voilà ce que je vous conseille :

Consommer fruits et légumes le plus tôt possible après leur cueillette

Le stockage fait perdre de 25% à 80% de la valeur énergétique des produits. Achetez les produits les plus frais possible et correspondant à la saison (pas de fraises en hiver. Soyez encore plus vigilants à l'égard des fruits exotiques, etc.). Maraîchers, marchés, grandes surfaces sont bien approvisionnés. Certains produits surgelés ou congelés sont plus frais que d'autres qui sont restés stockés plusieurs jours. Le sous-vide garde le maximum de vitamines et préserve les qualités énergétiques des aliments.

À l'achat, veillez à ce que les produits n'aient

pas subi de choc ; même une petite détérioration ou coupure, invisible à l'œil mais sensible au toucher, altère le pouvoir énergétique.

Faites très attention à la viande

Faites-la couper devant vous et demandez à votre boucher d'ôter la graisse visible. Dans les grandes surfaces, regardez sa couleur et sa consistance et vérifiez la date limite de consommation. Choisissez la viande d'élevage au pré, le veau sous la mère, etc. Un morceau de viande ou une volaille ne doit présenter aucune marque d'oxydation, ni aucune odeur particulière. Le choix des viandes doit aussi s'inspirer des saisons (agneau à Pâques, gibier à l'automne, dinde à Noël, etc.). Choisissez des volailles de ferme, évitez les poulets en batterie, aux hormones, etc.

Les poissons ont une grande valeur énergétique

Le poisson le plus gras correspond énergétiquement à la viande la plus maigre. Choisissez suivant la saison et les arrivages. Tous les produits de la mer et des rivières, crustacés compris, sont bons pour l'énergie à condition d'être consommés frais.

Pour les laitages, surveillez la date limite

Chez vous, veillez à ne pas sortir trop souvent les produits laitiers du réfrigérateur. Consommez-les le plus vite possible. (Une glace fondue ne doit jamais être remise au congélateur.) Trop de laitages coupe l'énergie. Évitez les produits laitiers (yaourt, fromage blanc, etc.) comportant des additifs sucrés et vitaminés. Si vous ne tolérez pas le lait (c'est souvent le cas après l'âge de dix ans), n'en consommez plus. Ne vous inquiétez pas, vous trouverez votre calcium dans d'autres aliments.

Les féculents, les pâtes, le riz

Allez vers le produit complet (le moins raffiné possible) et respectez les dates de consommation. Les pâtes fraîches ne se conservent pas longtemps. Évitez les préparations toutes faites avec du lait, du sucre ou des matières grasses, des aromates et du sel.

Le pain

N'hésitez pas à changer de pain au profit d'un pain complet, d'un pain aux céréales, au seigle ou un pain de campagne. Évitez le pain blanc, les pains préemballés, prédécoupés. Ils contiennent souvent des additifs : sucre, lait, matières grasses (pain de mie, biscottes, pain d'épice).

La boisson la plus énergétique c'est l'eau !

Variez vos eaux minérales. Pas d'eau du robinet, attention au nitrate – tueur d'énergie. Évitez toute boisson sucrée, toute boisson gazeuse (même allégée) et les sirops, jus de fruits concentrés ou jus de fruits pressés. L'orange pressée du matin est anti-énergétique. Tous les bons vins sont énergétiques. Pas de vin cuit, de bière, de cidre ou d'alcool.

Le chocolat

Le chocolat noir en plaque est énergétique, pas le chocolat au lait ou fourré. Évitez confiture, pâtisserie, viennoiserie, bonbon et les produits industriels trop sucrés. Le miel consommé comme un oligo-élément, pris sous la langue à jeun et avant un effort, constitue un bon apport énergétique.

Les épices et les aromates

Mélangés avec les aliments, les épices et les aromates augmentent leur pouvoir énergétique, et contribuent à développer les saveurs, importantes pour la distribution des énergies.

Le thé ou le café

Il est prouvé que l'abus de caféine sous toutes ses formes (boisson soluble, café moulu ou en grains) est cancérigène.

Je conseille le thé vert, les boissons aux céréales et les infusions.

Mais attention ! Certains aliments (lait, œuf, sucre, chocolat, poisson ou fruits de mer, thé, café, etc.) peuvent provoquer une intolérance alimentaire (maux de ventre, nausées, vomissements), des allergies, et bien entendu de grandes coupures d'énergie (fatigue, coup de pompe, tachycardie, etc.). Il s'agit de les mettre en évidence, de les supprimer au moins trois mois avant de les réintroduire pour tester à nouveau leur toxicité.

Traiter ses aliments

Ne cuisez pas trop les aliments, quels qu'ils soient : **une cuisson excessive détruit vitamines et qualités énergétiques.** Faites rôtir, cuire à l'eau ou à la vapeur plutôt que griller ou frire.

✔ **Légumes** : à consommer légèrement croquants, chauds avant oxydation. Ne jamais les remettre au réfrigérateur, surtout les potages.

✔ **Viandes et poissons :** attention aux parties brûlées (cuisson au barbecue) toxiques et anti-énergétiques. Ne pas trancher trop longtemps avant la consommation.

✔ **Riz :** doit garder son grain entier.

✔ **Pâtes :** « al dente », c'est-à-dire fermes.

✔ **Légumes secs :** demandent des cuissons un peu plus longues mais en respectant la fermeté.

✔ **Fritures :** ne pas en abuser et surtout changer l'huile à chaque fois.

✔ Évitez qu'un aliment subisse plusieurs cuissons, après passages au réfrigérateur.

- ✔ Évitez les écarts de température. Les aliments ne doivent pas être exposés à la lumière ou à la chaleur.

- ✔ Les crudités épluchées doivent être consommées dans la demi-heure qui suit leur préparation.

- ✔ Les bouteilles d'huile doivent être rebouchées immédiatement et stockées dans l'obscurité.

- ✔ Évitez de laisser tremper trop longtemps un aliment – salade, pommes de terre, etc. – sous peine de l'oxyder, donc de lui enlever toute valeur énergétique.

À l'écoute du yin et du yang

Pour les Orientaux, chaque saveur possède la vertu de stimuler l'énergie d'un organe particulier. Exemple : le salé-les reins, le piquant-les poumons, le sucré-la rate, l'amer-le cœur, l'acide-le foie. L'excès d'une saveur déclenche une sur-stimulation d'un organe et une dysfonction énergétique des autres organes ; il est donc important d'équilibrer les saveurs (elles sont cinq principales) dans tous les repas.

Je suis d'accord avec les Orientaux : on calme le système nerveux central et le système neurovégétatif et on évite des frustrations qui peuvent aboutir à des comportements alimentaires anarchiques (boulimie, grignotage, besoin soudain de sucré ou de salé).

J'ai aussi beaucoup réfléchi à la fameuse dualité

orientale du yin et du yang, appliquée à la digestion (assimilation, élimination).

Les organes de la digestion, pour les Orientaux, sont classés en deux catégories :

- ✔ **Les organes yin :** Ils sont pleins et remplissent les fonctions de production, transformation et stockage de l'énergie du sang et des liquides organiques : cœur, poumons, foie, rate et reins.

- ✔ **Les organes yang :** Ils sont creux et remplissent les fonctions de réception, transformation et élimination des aliments (déchets) et des liquides : estomac, intestin grêle, gros intestin, vessie et vésicule biliaire. Cette dernière est une exception car elle est pleine et stocke la bile.

Les Chinois pensent que organes et entrailles sont liés à une manifestation psychique (voir chapitre 4, page 94).

Comme les organes, les aliments, pour les Orientaux, se divisent en deux catégories :

- ✔ **Froid** : yin.
- ✔ **Chaud** : yang.

Les aliments yin refroidissent et calment les fonctions métaboliques.
Les aliments yang réchauffent et accélèrent la circulation des énergies.

Il ne s'agit pas de la température proprement dite de l'aliment au moment où on le mange, mais de l'effet thermique de l'aliment une fois digéré. Absorber des aliments yin à une température basse, voire glacée, augmente encore leur caractère refroidissant. Quelques exemples d'aliments refroidissants : les produits laitiers (yaourt, fromage blanc, petit-suisse, flan et surtout tous les substituts de repas à base de laitage), les fruits (melon, pastèque, mangue, citron, banane, poire), les jus de fruits et les jus de légumes, les légumes (asperge, soja, tomate, chou, poivron, et toutes les salades et crudités). Une crudité, un melon glacé ou une pastèque en début de repas refroidissent tout le bol alimentaire. **C'est, à mon avis, une erreur grave, très répandue, de baser un régime amaigrissant sur ces produits qui créent acidité et fermentation et dispersent l'énergie.**

Sur la plupart des femmes qui ont enchaîné des régimes, j'ai observé de fréquents problèmes de fatigue, de déminéralisation, de frilosité, de spasmophilie et une tendance à perdre et à reprendre constamment du poids (phénomène du yo-yo). Ces femmes yin accentuent encore leur caractère yin par de grandes erreurs alimentaires : elles mangent très souvent froid en début de repas (crudités, fruits, jus de légumes ou de fruits), beaucoup de produits laitiers à la fin des repas ; souvent elles mélangent fruits et produits laitiers, détraquant par refroidissement le bol alimentaire – d'où fermentation constante, mauvaise élimination, prise de poids avec frustration, crise de boulimie ou grignotage, et attirance vers le sucré. Elles pensent emmagasiner vitamines et calcium mais elles n'en profitent pas et obtiennent l'effet contraire. Pour maigrir là où on veut, il faut équilibrer le yin et le yang.

Je conseille de consommer des aliments chauds ou tièdes, ce qui évite à l'organisme une dépense d'énergie inutile pour les réchauffer à une température de 38° pour une bonne digestion.

C'est avec beaucoup de subtilité que les Orientaux appliquent la théorie du yin et du yang. Gardons-nous des simplifications abusives qui ne tiennent pas compte de la personne physique et de son caractère, de ses activités et de ses particularités, de son cadre de vie, du climat, de la saison...

Mon conseil : le petit déjeuner starter

Pour équilibrer vos énergies pendant toute la journée, je suggère un petit déjeuner couteau-fourchette. Le petit déjeuner est le grand régulateur des systèmes nerveux et neurovégétatif. **Je le considère comme le repas le plus important de la journée. Ne le négligez pas.** Il règle votre horloge énergétique et équilibre les phases yin et yang (voir page 249). Si vous sautez le petit déjeuner, toute votre énergie est perturbée (fatigue, coup de pompe, manque de concentration), vous serez plus sensible au stress, aux émotions et vous rentrerez dans le cycle infernal du grignotage, de la boulimie, des repas pris rapidement, donc de la prise de poids.

Je conseille : à jeun, mangez d'abord du solide (œuf à la coque, jambon, fromage, volaille, poisson, riz ou légumes), pain complet et beurre frais. Évitez les jus de fruits et les jus de légumes. Remplacez par un fruit frais. À mon avis, le jus de fruit du matin provoque une coupure d'énergie et est responsable de prises de poids partout dans le monde.

Café et thé doivent être absorbés après le solide si vous ne pouvez pas vous en passer. Je préfère une infusion : 1/3 de thym, 1/3 de romarin, 1/3 de sauge (ou alterner, d'un jour à l'autre, thym, romarin et sauge).

Les amis de l'énergie

Les minéraux

Ils sont essentiels pour une alimentation énergétique, base de ma méthode pour maigrir là où vous voulez. Ils sont les constituants essentiels de nos tissus et jouent un rôle primordial dans la reconstitution cellulaire et les métabolismes.

On les trouve dans tous les produits frais et naturels (fruit, légume, œuf, poisson, viande, céréales, etc.) c'est pourquoi il est capital de varier au maximum les aliments.

Les minéraux les plus importants sont les suivants :

– Le chlorure de sodium –

C'est le sel de cuisine (gros sel, sel fin), le sel marin que nous ajoutons dans les cuissons ou dans les assaisonnements.

Beaucoup de produits alimentaires en contiennent : pain, charcuterie, conserve, fromage et même certaines eaux minérales.

Les aliments les plus naturellement sodés sont :

✔ les produits de la mer ;
✔ le blanc d'œuf ;
✔ le céleri (on en fait aussi du sel).

Supprimez tous les produits industriels particulièrement salés :

- ✔ potages en sachet ou en boîte ;
- ✔ charcuteries, saucisses, hot-dog...
- ✔ amuse-gueule : cacahuètes, noisettes, amandes salées, biscuits d'apéritif ;
- ✔ chips.

Je vous conseille de saler modérément vos aliments car nous sommes plus exposés à l'excès de sodium qu'à son manque. Mais sa totale suppression est injustifiée même en cas d'obésité.

– Le calcium –

Nous le trouvons, en priorité dans les produits laitiers.

Je vous conseille :

- ✔ les fromages à pâte cuite (moins gras) : beaufort, cantal, hollande, ...
- ✔ les fromages de chèvre ;
- ✔ le beurre frais et non la margarine ou les beurres allégés ;
- ✔ les légumes verts : toutes les herbes aromatiques, le chou vert, le cresson, les épinards, le navet, les poireaux, les pissenlits, les brocolis ;
- ✔ les légumes secs : lentilles, haricots ;
- ✔ les fruits secs : noix, figue, amande, noisette, ...
- ✔ les œufs ;
- ✔ les poissons et crustacés : sardine, saumon, colin, homard, huître, ...

Le calcium est indispensable à notre squelette et à nos cellules à condition de ne pas en abuser.

La vitamine D (voir page 238) est indispensable à la fixation du calcium, la vitamine C renforce son assimilation. Le calcium est indispensable à la contraction et à la détente de nos muscles et au bon fonctionnement de notre système nerveux et sanguin.

– Le phosphore –

Nous le trouvons sous forme de :

✔ **phosphore de potassium :** dans les végétaux
- céréales complètes ;
- légumineuses : petits pois, lentilles, haricot, ...
- noix, noisettes, amandes, ...
- la levure de bière.

✔ **phosphore de calcium et de magnésium :**
- dans le lait, les fromages ;
- le jaune d'œuf ;
- les volailles ;
- le poisson ;
- la viande ;
- le chocolat.

Dans la gym énergétique, page 109, nous avons vu que nos muscles contiennent des composés phosphorés indispensables à la contraction musculaire.

– Le fer –

Nous le trouvons dans :

✔ la viande rouge, le foie de veau, d'agneau, les abats (rognons), le boudin ;
✔ les volailles ;
✔ le gibier ;
✔ les légumes verts : haricots verts, épinards, cresson, pissenlit, persil, ...
✔ les légumes secs : pois, lentilles, fèves, haricots blancs, ...

- ✔ les fruits : pruneaux, fruits secs (noisettes, figue, amandes, raisin) ;
- ✔ les œufs ;
- ✔ les fruits de mer : huître, coque, ...
- ✔ le pain complet, les céréales complètes ;
- ✔ le cacao, le chocolat ;
- ✔ le vin rouge.

Nous éliminons quotidiennement du fer. Il est important de compenser ces pertes, surtout pour la femme dont les besoins sont plus importants (au moment des règles).

Le fer contribue à la bonne oxygénation de nos tissus. Un manque de fer provoque fatigue, pertes de vitalité et d'énergie, vulnérabilité au stress, à l'anémie (en cas de régime).

La vitamine C contenue dans les légumes verts contribue à une meilleure fixation du fer. En revanche, les excitants (thé-café-tabac) nuisent à son assimilation.

– Le potassium –

Nous le trouvons dans :

- ✔ la viande, la volaille ;
- ✔ le jaune d'œuf ;
- ✔ les poissons : thon, sardine, ...
- ✔ les crustacés ;
- ✔ les légumes : pomme de terre, chou, carotte, tomate, champignon, ...
- ✔ les fruits : pomme, banane, abricot, ...
- ✔ le lait et les fromages (choisir ceux à pâte dure).

Le potassium (avec le sodium) est indispensable à nos fibres nerveuses, à la contraction musculaire, donc à notre gym énergétique. Les crampes, les courbatures, peuvent être le signe d'un déficit de potassium.

Un régime hyperprotidique (riche en protéines – faible en hydrates de carbone), des diurétiques, l'abus de boissons excitantes (thé, café), provoquent de la déshydratation par transpiration et favorisent la perte de potassium.

– LE MAGNÉSIUM –

Nous le trouvons dans :

✔ le maïs (de culture biologique) ;
✔ le pain complet, pain de seigle, ...
✔ les céréales : flocons d'avoine, ...
✔ le cacao, le chocolat ;
✔ les fruits oléagineux : amandes, cacahuètes, noisettes, ...
✔ les légumes secs : haricots, pois, lentilles, ...
✔ les figues, les dattes ;
✔ les oignons frais.

Il est métaboliquement lié au calcium et au phosphore.

Les vitamines B6 et D aident à sa fixation.

Le déficit en magnésium peut être à l'origine de fatigue, de manque de tonicité musculaire, de crampes, d'étourdissements, de manifestations de spasmophilie.

– L'IODE –

Nous le trouvons dans :

✔ les produits de la mer : hareng, morue, crabe, langouste, homard, crevette, les algues ;
✔ les légumes : navet, poireau, haricot vert, radis, oignon, ail.

L'iode est indispensable au bon fonctionnement de la glande thyroïde, condition de l'amaigrissement et pour prévenir les problèmes rhumatismaux, pulmonaires ou intestinaux, obstacles à la libre circulation des énergies.

– LE SOUFRE –

Nous le trouvons dans :

✔ les légumes : chou, asperge, poireau, radis noir, ail, oignon ;
✔ le poisson, la viande, les œufs.

Le soufre est très important pour la constitution de nos tissus conjonctif et musculaire : il leur donne une bonne résistance.

– LE ZINC –

Nous le trouvons dans :

✔ la volaille ;
✔ la viande : le bœuf, le foie (veau, agneau) ;
✔ le poisson et les crustacés ;
✔ les œufs ;
✔ les légumes secs : haricot, lentille ;
✔ les céréales ;
✔ les champignons.

Le zinc a des propriétés anti-oxydantes (antirouille). Il contribue à l'acheminement de la vitamine A vers les cellules de la peau, et à l'assimilation des vitamines B.

Les vitamines

Elles sont indispensables à notre bonne santé et aident les glucides, lipides et protides à bien réaliser leur métabolisme.

Il existe deux sortes de vitamines :

✔ les vitamines solubles dans l'eau. Elles ne sont pas stockées par le corps ;
✔ les vitamines solubles dans la graisse, stockées dans le corps.

J'ai sélectionné les vitamines responsables de notre énergie et du bon fonctionnement de nos muscles.

– LA VITAMINE A –

C'est la vitamine de la peau. Au cours de l'amaigrissement ciblé, elle apporte à votre peau souplesse, élasticité et éclat.

Elle est stockée dans l'organisme et a un pouvoir anti-oxydant. Elle n'aime ni le tabac, ni l'alcool. C'est une amie de la vitamine E et du zinc.

L'organisme convertit le carotène en vitamine A.

Nous la trouvons dans :

✔ les légumes très verts : épinards, brocolis, persil, pissenlit ;
✔ les légumes jaunes ou orangés : poivron, carotte, pomme de terre à chair jaune ;
✔ les fruits jaunes ou orangés : mangue, melon, pêche, abricot ;
✔ le jaune d'œuf ;
✔ le foie de veau, d'agneau ;
✔ les huiles de poisson (morue, thon) ;
✔ le beurre frais.

– LES VITAMINES B –

Elles sont dix. J'ai sélectionné celles qui nous intéressent dans notre entreprise de rassemblement des énergies pour maigrir.

✔ **La vitamine B1** contribue à la transmission de l'influx nerveux et au métabolisme des

sucres, des graisses et des protéines comme source d'énergie.
Elle est soluble dans l'eau. La cuisson la détruit en partie. C'est une amie de la vitamine C, elle a des propriétés anti-oxydantes. Elle est ennemie du tabac, de l'alcool.
Un manque de vitamine B1 provoque une fatigue musculaire.

✔ **La vitamine B3** joue un rôle bénéfique dans la circulation sanguine et dans l'abaissement du taux de cholestérol.

✔ **Les vitamines B4 et B5** sont capitales pour les énergies. Elles jouent un rôle anti-stress et anti-oxydant. Ralentissent le vieillissement de la peau.
Un manque de vitamine B4 et B5 se traduit par des crampes, de la fatigue et des insomnies.

✔ **La vitamine B6** est fondamentale pour le métabolisme des protéines et des acides aminés.
Elle est résistante à la chaleur. C'est une amie de la vitamine C. Ses ennemis : le café, le thé et le tabac.
Un manque de vitamine B6 crée un déficit du système nerveux central, état dépressif. Rétention d'eau.

✔ **La vitamine B12** joue un rôle dans le fonctionnement de toutes les cellules de l'organisme.

Un manque de vitamine B12 provoque fatigue et anémie.

Nous trouvons les vitamines B dans :
✔ le riz ;
✔ les céréales complètes ;
✔ germe de blé ;
✔ la levure de bière ;
✔ fruits oléagineux : amandes, noix, noisettes ;
✔ les légumes secs : lentilles, haricots ;
✔ le jaune d'œuf, le lait, le fromage ;
✔ les abats : foie de veau, de mouton ;
✔ la volaille ;
✔ le poisson.

– LA VITAMINE C –

C'est la vitamine anti-oxydation par excellence. Elle protège toutes les autres vitamines.

C'est la vitamine du tonus, de l'effort physique et cérébral quand on ressent une baisse d'énergie. Elle est anti-stress. Soluble dans l'eau mais fragile à l'air, elle s'oxyde et peut perdre 50% de sa teneur. Le tabac la détruit. C'est une amie des vitamines A, B et E, elle renforce l'assimilation du fer.

L'abus de la consommation de vitamine C sous forme de jus de fruits ou de légumes peut provoquer un dérèglement du système neurovégétatif préjudiciable à l'amaigrissement.

Nous la trouvons dans :
✔ les fruits : orange, citron, fraise, pamplemousse, cassis, groseille, mangue, pêche, abricot, kiwi ;
✔ les légumes : cresson, chou, épinard, radis, tomate, pissenlit, brocolis, persil, ciboulette, estragon, pomme de terre, poivrons vert, rouge ou jaune.

– La vitamine D –

C'est la vitamine de nos os. Elle se fixe mieux quand le corps est exposé au soleil (surtout l'hiver).

On la trouve dans :

✔ le lait, le beurre, les œufs ;

✔ les poissons gras : hareng, sardine ;

✔ les huiles de foie de poisson ;

✔ le germe de blé.

Un manque de vitamine D provoque fatigue et cholestérol.

– La vitamine E –

Elle est nécessaire à l'assimilation des graisses.

On la trouve dans :

✔ les huiles végétales ;

✔ les céréales.

Jamais les vitamines synthétiques ne remplaceront les vitamines de l'aliment naturel. Des études scientifiques ont prouvé que nos cellules ne les assimilent pas aussi bien. C'est le grand échec de la pharmacocinétique du XXe siècle.

Les sucres lents

Ils font partie des glucides et sont constitués d'amidon et de fibres.

Ils ont l'avantage d'être digérés beaucoup plus lentement que les sucres rapides (voir page 243). C'est l'aliment de l'effort physique. Les sucres lents aident les muscles à brûler les graisses au cours des exercices de ma gym énergétique. Ils libèrent de l'énergie pendant une durée prolongée sans fournir, comme les sucres rapides, un coup de fouet suivi d'un coup de pompe (hypoglycémie).

Dans mon programme d'alimentation énergétique, les sucres lents doivent apporter 50% de l'alimentation quotidienne. Au-delà, c'est la prise de poids, les problèmes digestifs (gaz, ballonnements, constipation).

Nous les trouvons dans :

✔ **le pain,** complet, de campagne, de seigle, aux céréales ;

✔ **les pâtes sèches à la semoule de blé dur, les pâtes fraîches, les pâtes complètes** (elles sont plus difficiles à digérer pour les intestins fragiles, à consommer avec modération) ;

✔ **le riz, riz blanc à grains longs ou ronds.** La valeur énergétique du riz est équivalente à celle des pâtes, mais sa digestion est plus facile.
Le riz complet (riche en fibres et en vitamines B) est un des aliments les plus énergétiques. Il est quelquefois mal supporté par des appareils digestifs fragiles ;

✔ **les pommes de terre,** nouvelles elles sont plus énergétiques, à chair jaune elles sont plus riches en protéines végétales ;

✔ **les légumes secs** sont très énergétiques (lentilles, fèves, pois chiches, haricots blancs). Ils contiennent aussi des protéines végétales, des minéraux et des vitamines. Les légumes secs sont parfois mal supportés par les intestins fragiles. Je les conseille une fois par semaine.

Les protéines

Les protéines (ou protides) sont des aliments azotés indispensables à l'alimentation équilibrée.

Dans notre équilibre quotidien, les protéines doivent représenter 15%.

Elles sont nécessaires pour la construction de nos tissus et jouent un rôle essentiel dans le renouvellement de nos cellules (peau, os, cartilages, vaisseaux sanguins) au niveau de tous nos organes.

Les protéines ne sont pas stockées par notre organisme, chaque jour nous reconstituons notre réserve.

Longtemps on a cru que les protides constituaient l'aliment principal du muscle. Il n'en est rien. Il n'y a pas de rapport entre l'effort effectué et l'intensité de la combustion des protides.

Le muscle préfère les glucides (sucres lents) qui lui apportent tout le matériel énergétique dans une alimentation équilibrée. Il faut consommer suffisamment de protéines pour réguler la consommation des autres aliments lipides et glucides et pour maigrir en brûlant les graisses et non en perdant sa masse musculaire.

Il y a deux sources de protéines :

✔ **Les protéines animales :**
- les viandes blanches ou rouges ;
- les volailles ;
- les poissons, crustacés et fruits de mer ;
- les œufs ;
- les produits laitiers.

✔ **Les protéines végétales :**
- les légumes secs ;
- les céréales complètes ;
- les pommes de terre, le riz.

Les légumes et les fruits

Crudités, légumes cuits ou fruits sont indispensables pour leur apport en vitamines, minéraux et fibres.

Je vous conseille :

✔ **une crudité** au milieu du repas ;
✔ **des légumes cuits et des aromates** à volonté ;
✔ **un fruit** par jour en dessert.

Les lipides

Ils proviennent de l'alimentation et constituent nos propres stocks de graisse dans les tissus adipeux (sous-cutané ou intermusculaire). Ils représentent une importante réserve énergétique que ma gym énergétique contribue à éliminer. Dans l'aventure que je vous propose de « maigrir là où vous voulez », le bon choix alimentaire des lipides s'impose car les lipides protègent nos tissus, les lubrifient, aident à l'absorption des vitamines solubles dans la graisse. Et il n'est pas envisageable, si on veut maigrir, de les proscrire de l'alimentation (régime anti-lipides). L'aspect le plus important des graisses est leur degré de saturation. Les graisses animales sont les plus saturées (polysaturées), alors que les graisses végétales contiennent davantage d'acides non saturés. La proportion des graisses ne doit pas dépasser 30% de la quantité alimentaire quotidienne et les lipides doivent être sélectionnés en tenant compte des « graisses cachées » dans les aliments d'origine animale (les graisses associées aux protéines du poisson sont moins nuisibles que celles associées aux protéines de la viande) et des apports dans les préparations culinaires.

Je choisis :
✔ le beurre frais ;
✔ les huiles d'arachide et d'olive, première pression à froid.

Les faux amis de l'énergie

Protéines : trop ou pas assez

Prescrire un régime hyperprotidique est une tentation pour bien des nutritionnistes. Les protéines fournissent peu de calories. La ration maximale quotidienne devrait se situer autour de 200 grammes pour produire 800 calories et le reste de l'alimentation (glucides, lipides) fournirait le complément jusqu'à 2000 calories.

Le calcul est donc simple.

Certains nutritionnistes augmentent la consommation des protéines en éliminant les autres catégories d'aliments au détriment de la santé de leurs patients, avec les conséquences suivantes : élimination ralentie, déshydratation, fatigue des reins, carences, état dépressif, irritabilité, insomnies, etc.

L'excès de consommation des protéines fabrique, à moyenne ou longue échéance, des excès de poids et des muscles enrobés de graisse. Les fameux « body builders », les adeptes de la « gonflette » qui cherchent à développer leur masse musculaire et à assécher le tissu conjonctif se bourrent de protéines en sachet et de boissons protéinées et hyper-vitaminées.

Un régime privant l'organisme de protéines animales a aussi des méfaits : il rompt l'équilibre azoté si la quantité de protéines végétales est mal dosée et encore plus si la dépense énergétique est accrue.

Ce régime aboutit à des carences, des états de fatigue et un manque d'énergie et il est très coûteux.

Les sucres rapides

Confiture, bonbon, pâtisserie, viennoiserie, barre énergétique, boisson sucrée, sirop, sucre en poudre ou en morceaux... Les sucres rapides sont des glucides qui font grossir. Dès leur ingestion, le processus suivant s'accomplit : le sucre ou saccharose de l'aliment ou de la boisson sucrée se transforme en glucose et passe immédiatement dans le sang. La personne ressent alors un regain d'énergie éphémère. Le pancréas simultanément libère de l'insuline pour métaboliser ce sucre excédentaire et le stocke, c'est la graisse.

Le niveau de sucre redescend très vite et la personne ressent un coup de fatigue, de faiblesse, c'est le coup de pompe, l'hypoglycémie.

Consommés au-delà de 5% de l'alimentation quotidienne, les sucres rapides font grossir (graisse de réserve, cellulite) et font subir à l'organisme des réactions en dents de scie préjudiciables à la recherche de rassemblement des énergies.

Remplacez le sucre blanc (raffiné) par du sucre de canne en poudre ou en morceaux et les confiseries par des dattes, raisins secs, noisettes, noix (sans en abuser).

Huiles mortes et graisses cachées

Le traitement des huiles par souci de conservation et de rendement modifie radicalement leur valeur énergétique. Alors que les huiles de première pression à froid sont des huiles vivantes et plus fragiles demandant quelques précautions de conservation, les autres huiles ne sont plus que des corps gras, des huiles mortes.

Je classe dans la même catégorie les margarines dites « végétales » traitées chimiquement qui n'ont plus rien d'un produit naturel, encrassent le foie, la vésicule et les artères.

Je vous ai déjà parlé des excès de consommation des protéines animales. Dans un morceau de viande, même le plus maigre, on trouve au moins 20% de matière grasse animale (les graisses cachées). Ce pourcentage peut augmenter considérablement (40%-50%) suivant les morceaux de viande. Les viandes les plus grasses sont celles des animaux privés de mouvement. Comme les êtres humains, les animaux sédentaires prennent de la graisse !

Évitez :

- ✔ les viandes les plus grasses : agneau, mouton, porc, ou demandez à votre boucher les morceaux les plus maigres ;
- ✔ les charcuteries industrielles : pâté, rillette, saucisse, ...
- ✔ toutes les conserves de viande, de volaille, de poisson.

L'alcool

Ce n'est en aucun cas un allié dans la quête d'énergie pour maigrir là où on veut. Même s'il est censé détendre le système nerveux (c'est le cas à toute petite dose) jamais l'alcool, qui perturbe le métabolisme du glucose, détruit des vitamines, n'aidera à maigrir.

L'eau

Croire que pour éliminer cellulite, culotte de cheval, jambes lourdes, il faut boire abondamment est une erreur.

✔ Les cellules graisseuses se gorgent d'eau.
✔ On urine trop souvent, on fatigue ses reins.
✔ On se plaint de douleurs du dos (région lombaire), des jambes (lourdeurs).
✔ On manque d'énergie et on ne maigrit pas pour autant.

Tabac, café, thé

Ils ne font pas maigrir, bien au contraire. Ils épuisent rapidement les énergies indispensables à l'amaigrissement. Le tabac détruit la plupart des vitamines, y compris la vitamine C. Le matin, il coupe l'appétit et dérègle tout le métabolisme alimentaire de la journée. Fumer pour maigrir est une absurdité : le tabac augmente le taux de cholestérol, encrasse le système cardio-vasculaire et fait prendre du poids.

Le café à jeun dérègle le système neurovégétatif, augmente l'acidité, déclenche une fermentation intestinale d'où prise de poids (au petit déjeuner, commencez par du solide : tartine beurrée, accompagnée de protéines avant une tasse de café, qui peut de temps en temps être remplacée par une infusion).

Même prudence avec le thé qui, pris à jeun, est un autre ennemi de l'amaigrissement ciblé.

Jus de fruits, jus de légumes

Ils sont des ennemis de l'amaigrissement car ils provoquent une trop forte acidité, et dérèglent le système neurovégétatif dispersant l'énergie par les flatulences qu'ils engendrent. Mangez plutôt le fruit lui-même avec sa pulpe ou un légume cru (carotte, céleri, radis...) que vous mâcherez doucement pour qu'il s'imprègne de salive. Choisissez un fruit ou un légume non traité.

Alimentation énergétique quotidienne

Essayez de vous rapprocher de ce programme idéal :

Liquides 1L1/2	Glucides 55%	Protéines 15%	Lipides 30%

LIQUIDES = 1 litre 1/2
✔ **Variez les eaux minérales** Buvez : si vous avez soif en petite quantité à petites gorgées pas glacé de préférence en dehors des repas.

✔ **Thé vert ou café 100% arabica** *Si vous ne pouvez pas vous en passer* Buvez : – après avoir mangé – pas trop chaud – pas plus d'une tasse par jour. *Si vous acceptez de changer vos habitudes* Buvez : – des infusions – des boissons aux céréales après avoir mangé – pas trop chaud.
✔ **Vin** – Un verre par repas Choisissez un vin de qualité.

GLUCIDES = 55%	
10%	**Une crudité :** ✔ Endive, salade verte, tomate, céleri, pissenlit... à préparer au dernier moment et à manger au milieu du repas. ✔ Des herbes fraîches : ciboulette, persil, basilic... pour accompagner toutes vos préparations.
5%	**Un fruit frais :** ✔ Pomme, pêche, banane, abricot, kiwi, mangue... à consommer au dessert.
10%	**Un légume cuit :** ✔ Haricots verts, courgettes, épinards, poireaux, brocolis... à préparer juste avant le déjeuner ou le dîner.
25%	**Des sucres lents :** ✔ Une ou deux tranches de pain complet ou aux céréales au petit déjeuner. ✔ Pâtes, riz ou pommes de terre au repas de midi ou du soir ou lentilles, petits pois, fèves (une fois par semaine pour les intestins fragiles).
5%	**Des sucres rapides :** ✔ Un morceau de sucre (pour la boisson du matin) ✔ Deux carrés de chocolat noir (pour la collation) ✔ Une petite douceur de temps en temps : sorbet, mousse au chocolat, ...

PROTEINES = 15%	
5%	**Un morceau de fromage peu fermenté** et peu gras : ✔ Beaufort, comté, cantal, hollande... ou fromage de chèvre ou un yaourt nature *au petit déjeuner.*
10%	**Une viande** peu grasse (bœuf, veau...) **ou une volaille** de ferme (poulet, pintade, dinde...) **ou du poisson** (colin, cabillaud, sole...) **ou des crustacés** (crabe, homard, crevettes) **ou des fruits de mer** (huîtres, moules, coques...) *au déjeuner ou au dîner* **ou un œuf** à la coque *au petit déjeuner.*

LIPIDES = 30%	
15%	**Une portion de beurre frais** ✔ Sur les tartines du matin ✔ Sur les légumes cuits.
10%	**Une portion d'huile végétale** Pour la sauce d'assaisonnement des crudités.

Maigrir là où vous voulez c'est aussi :

✔ Manger à des heures régulières.
✔ Ne pas sauter de repas.
✔ Passer à table détendu(e).
✔ Manger lentement et avec plaisir.

Suivez le rythme de votre horloge énergétique

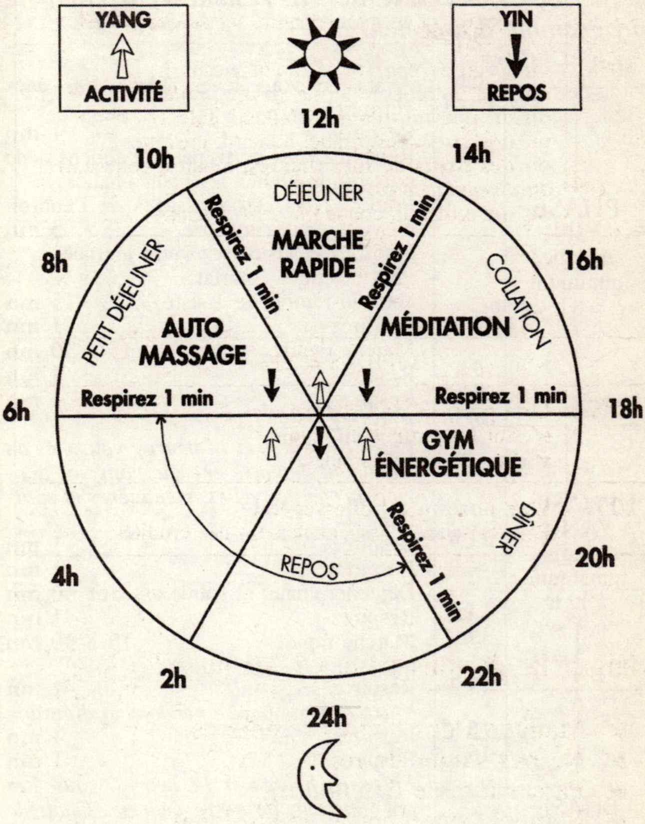

Réglez votre horloge énergétique à l'heure de votre réveil

Si vous vous réveillez à 7 heures, décalez le programme d'une heure.

PHASE YIN énergie minimum à 8 h	**6 h réveil**	Avant de vous lever, étirez-vous dans votre lit.	
		Respirez	**1 mn**
		Réveillez votre corps par une douche tiède puis froide (évitez les bains chauds)	
		Pratiquez les auto-massages de l'endroit où vous voulez maigrir	**3 mn**
		Planifiez et visualisez votre journée.	
		Petit déjeuner « starter » couteau-fourchette assis(e)	**15 mn**
	7 h	Respirez	**1 mn**
		Marche rapide	**15 à 30 mn**
	8 h	Respirez	**1 mn**
	9 h	Respirez	**1 mn**
PHASE YANG énergie maximum à 12 h	**10 h**	Respirez	
		Entre 10 heures et 14 heures, vous êtes au maximum de votre énergie pour vos activités professionnelles, ménagères et sportives.	
	11 h	Respirez	**1 mn**
	12 h	Respirez	**1 mn**
		Déjeuner chaud et solide assis(e)	**30 mn**
	13 h	Respirez	**1 mn**
	14 h	Marche rapide	**15 à 30 mn**
PHASE YIN énergie minimum à 16 h	**14 h**	Respirez	**1 mn**
		Votre énergie baisse pendant la digestion	
	15 h	Respirez	**1 mn**
	16 h	Respirez	**1 mn**
		Entre 16 heures et 18 heures, vous êtes au minimum de votre énergie. Coup de pompe éventuel : évitez les gros efforts physiques ou intellectuels.	
		Prenez une collation chaude et solide sans produits sucrés. Évitez les excitants et les jus de fruits.	
	17 h	Respirez	**1 mn**
		Votre énergie remonte.	
		Si vous le souhaitez, méditez.	**10 mn**
	18 h	Respirez	**1 mn**

Phase	Heure	Activité	Durée
PHASE YANG énergie maximum à 20 h	19 h	Respirez	**1 mn**
		Auto-massage	**3 mn**
		ou gym énergétique	**3 mn**
		ou les deux, là où vous voulez maigrir.	**7 mn**
	20 h	Respirez	**1 mn**
		Vous êtes au maximum de votre énergie.	
		Dîner légèrement chaud et solide assis(e)	**30 mn**
	21 h	Respirez	**1 mn**
		Marche	**15 à 30 mn**
		Douche tiède ou bain.	
		Respirez	**1 mn**
	22 h	Détendez-vous.	
PHASE YIN	22 h	*Les meilleures heures du sommeil se situent entre 22 heures et 2 heures du matin (baisse d'énergie, phase yin, récupération).*	
		Dormez dans une chambre aérée, même l'hiver éteignez le chauffage, sur un lit dur pour vous recharger en énergie.	
PHASE YANG	2 h	*Entre 2 heures et 6 heures du matin, votre yang est au maximum. Vous emmagasinez l'énergie pour le lendemain.*	
	6 h	*Dormez jusqu'à 6 heures ou reposez-vous.*	

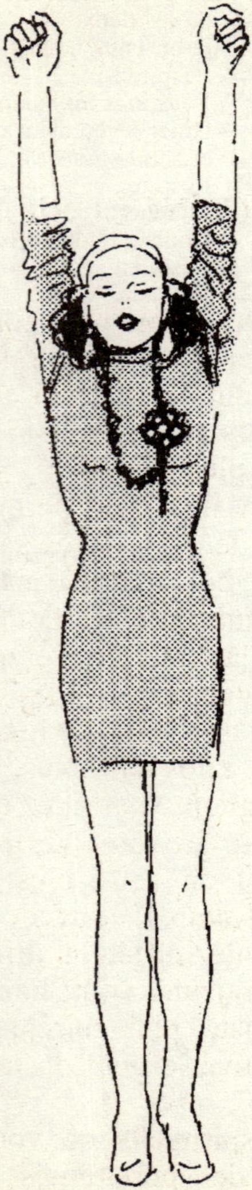

CONCLUSION

C'est maintenant que tout commence. Contrairement aux autres livres qu'on referme à la dernière page et qu'on oublie plus ou moins rapidement, celui-ci va vous accompagner pendant plusieurs semaines, voire plusieurs mois.

Non seulement il va vous permettre de maigrir là où vous voulez, de modeler, de sculpter votre corps, de retrouver une bonne santé, mais il va aussi vous entraîner dans une aventure dont vous êtes encore loin de mesurer la dimension, et qui ira bien au-delà de l'amaigrissement.

En retrouvant une nouvelle image de votre corps, en éliminant les kilos superflus, en acceptant cette image, en l'intégrant, vous allez découvrir une nouvelle façon d'être, de recevoir, de donner.

Maigrir là où on veut, c'est aussi changer la relation avec les autres, et avec vous-même.

Vous vous sentez différent, différente, plus léger, plus séduisant, rajeuni, votre humeur change, vous êtes plus optimiste, plus entreprenant ; en un mot, vous avez retrouvé le goût de la vie, de l'action : **l'énergie.**

Sur la voie spirituelle où vous êtes engagé(e), vous percevez des possibilités insoupçonnées de bien-être, de joie intérieure. Et – pourquoi pas ? – de bonheur.

Est-il possible que des exercices simples de gymnastique, d'auto-massage, de respiration, de concentration, de méditation, appuyés par des conseils d'alimentation, de bon sens, aboutissent à une telle transformation psychologique et physique ?

Eh bien oui !

Pour moi, ce n'est pas seulement une possibilité, c'est une certitude. Dans quelques instants, vous allez refermer ce livre – mais il va devenir votre compagnon de tous les instants. Non seulement parce que vous allez progresser dans la voie de l'amaigrissement. Mais aussi parce qu'en cours de route, vous allez découvrir une nouvelle spiritualité.

C'est une grande et belle aventure du corps et de l'esprit qui vous attend.

Pierre PALLARDY
Mars 1998.

Table

La méthode de Pierre Pallardy est enseignée
à Saint-Martin-de-Ré.
Pour tout renseignement écrire :
21, rue Baron de Chantal
17410 SAINT-MARTIN-DE-RÉ

Composition réalisée par A2L - PARIS

IMPRIMÉ EN FRANCE PAR BRODARD ET TAUPIN
La Flèche (Sarthe)
LIBRAIRIE GÉNÉRALE FRANÇAISE - 43, quai de Grenelle - 75015 Paris.

ISBN : 2 - 253 - 08194 - 9 30/8194/0